地球奥秘的探索者

于 洸 ◎ 主编

云南出版集团公司
云南教育出版社

图书在版编目（CIP）数据

地球奥秘的探索者 / 于洸主编. -- 昆明：云南教育出版社，2011.10
（西南联大名师）
ISBN 978-7-5415-5784-2

Ⅰ.①地… Ⅱ.①于… Ⅲ.①地质学家-生平事迹-中国-现代②地理学家-生平事迹-中国-现代③气象学-科学家-生平事迹-中国-现代 Ⅳ.①K826.14

中国版本图书馆CIP数据核字（2011）第211732号

西南联大名师

地球奥秘的探索者

于　洸◎主编

出 版 人　　李安泰
组 稿 人　　杨云宝
顾　　问　　沈克琦
　　　　　　马建钧
责任编辑　　袁宣民
整体设计　　高　伟
责任印制　　张　旸
　　　　　　赵宏斌

出版　云南出版集团公司　云南教育出版社
发行　云南教育出版社
社址　昆明市环城西路609号
网站　www.yneph.com
印刷　云南新华印刷实业总公司一厂
开本　787毫米×1092毫米　1/16
印张　10.75
字数　192 000
版次　2012年5月第1版
印次　2012年5月第1次印刷
书号　ISBN 978-7-5415-5784-2
定价　20.00元

总 序

历史赋予大学的任务是：传承人类千百年来积累的优秀文化遗产，创造新思想、新成果，培养出一代又一代能为国家乃至世界物质文明和精神文明的发展作贡献的人才。就国家范围看，各个高等学校的定位不同，类型、层次各异，承担的任务也不同，但在各自的领域中都能培养人才，推出成果。研究性大学承担着产生新思想、引领社会发展的重任，要做到这一点，必奉独立的精神、自由的思想为圭臬。

一所好的大学应拥有一批学术造诣深厚、富于创新和奉献精神的大师，通过他们的言传身教，形成学校优良的学术传统与学风。这种传统与学风的形成不但需要经过几代人的努力，同时还需要有一个良好的外部环境。这些外部环境包括：一套有利于学校自主发展的规章制度，一个宽松的学术环境。除此而外，学校主管领导服膺教育和科学发展的规律，按规律办事，不搞瞎指挥、追政绩、胡批判。只有如此，才能产生活跃的思想，才能聚拢一批敬业求真、严谨求实、相互尊重、和谐共事的同仁，为着一个共同的目标努力工作。由此可见，办好一所大学，外部环境与内部因素缺一不可。

国立西南联合大学是我国高等教育史上一颗璀璨的明珠。她的成就为我国学术界所公认，国际学术界也不乏赞誉之声。虽然西南联大仅存在了九个学年，且处于十分艰苦的战时条件下，能取得出色的成绩实有赖于北京大学、清华大学、南开大学三校的优良传统与学风，以及一批优良学风的传承者——优秀的教育家和大师。

西南联大在培育人才和科学研究方面成绩十分突出。据统计，西南联大的本科生、研究生和教师中，后来获得诺贝尔物理奖者有2人（杨振宁、李政道）；获得国家最高科技奖者有4人（黄昆、刘东生、叶笃正、吴征镒）；获得"两弹一星"功勋奖章者有8人（郭永怀、陈芳允、屠守锷、朱光亚、王希季、邓稼先，以及赵九章教授、杨嘉墀助教）；被评为中国科学院、中国工程院院士者有107人，另有4人被迁台的中央研究院评为院士（王宪钟、朱汝瑾、王瑞骃、刘广京）。1955年以后中国科学院停止了哲学、社会科学部学部委员的评选，否则出自西南联大文学院、法商学院的许多优秀人才也会进入这个行列。在科学研究方面，虽然受战时条件的限制，但文、理、法、工各科研究未曾中断，发表、出版论文著作数百篇（种），华罗庚、周培源、吴大猷、陈寅恪、汤用彤、冯友兰等人的研究曾在教育部学术评议活动中获一等奖。科学研究既包括传统学科的基础理论研究，也包括应用研究。工科的研究能结合战时的需要，生物、地质、社会等学科还就地开展资源和人文的调查研究，对云南省的开发与建设作出了重要贡献。

优良传统与学风的形成与三校的历史息息相关。北京大学的前身是1898年戊戌变法时成立的京师大学堂，这是我国第一所现代教育意义上的大学。我国文、理、法三方面的大部分学科是北京大学首先建立的。1917年蔡元培接任校长后，扫除旧风旧习，创新风、新制、新学，提倡学术自由，兼容并包，使学风丕变，引领全国。蔡元培到校后组织教授会、评议会，实行民主办学、教授治校，始终不懈。哥伦比亚大学博士蒋梦麟先生襄助蔡校长，后又接任校长，"蔡规蒋随"使北大的优良传统和校风得以赓续。

清华大学的前身是1911年成立的清华学堂，源于美国减赔退回部分庚子赔款之举。1907年清政府与美国达成协议，减少赔款，本利合计减赔款额2792万美元。双方商定此款项自1908年起按计划逐年（至1939年为止）由中方先付给美方，再由美方签退，专款专用，由共设的委员会管理，用于派学生赴美留学。1908年、1909年派送两批后，为使学生赴美能顺利就学，于1911年设立清华学堂（1912年更名为清华学校），对拟派出的学生先培训，再派出。毕业生抵美后经审查甄别可直接插班入大学学习。清华学校的性质决定了其教学应与美国大学衔接。1925年清华学校设大学部，培养四年制本科生。后清华留美预备教育逐步取消，庚款留美学生在全国范围内举行考试选拔。大学部成立后，不少留学生学成归来任教清华，使得清华很快就位于国内高校前列。梅贻琦两度赴美，先后获学士、硕士学位。他曾任清华大学教务长（1926年）、清华留美学生监督（1928年），1931年任校长。他洞悉美国教育及留学生情况，延聘良师，亦取教授治校的方针，组织评议会、教授会。清华有专项经费的保证，有派遣留学生之便利，优秀中学生争相报考，蒸蒸日上之势为国内所少见。

南开大学是教育家张伯苓创办的一所私立大学。他首先创办敬业中学堂（南开中学前身），梅贻琦就是敬业中学堂首届毕业生。张伯苓创办南开中学十分成功。创办前访日考察教育，后又为办大学两次赴美考察。1919年南开大学成立，张伯苓任校长。1928年张伯苓第三次访美考察高等教育并募款。他为办好南开大学殚精竭虑，成绩斐然。1937年南开大学已成为拥有文、理、商、经4个学院，15个系，学生500余人的一所具有特色的私立大学。

1937年7月7日"卢沟桥事变"后，7月底平、津先后陷落。8月28日教育部决定由三校联合组成长沙临时大学，并指定三位校长任长沙临大筹委会常务委员。梅贻琦立即赴湘落实建校任务，11月1日即开学上课。由于战火逼近武汉，1938年2月长沙临时大学决定西迁昆明。4月教育部电令，长沙临大更名为国立西南联合大学。因昆明校舍不敷应用，文学院、法商学院在蒙自分校上课一学期。1938年8月增设师范学院。1940年因日寇占安南（现越南），昆明吃紧，为防万一，于四川叙永设分校，一年级新生和先修班学生在叙永上课两学期。1941年后全校师生始稳居昆明。1946年西南联大宣布结束，三校北返。自1937年起学校几度播迁，师生艰辛备尝，均赖"刚毅坚卓"（校训）的精神顺利克服。

联大迁昆后全校校务主要由梅贻琦常委主持，蒋梦麟、张伯苓两位常委因在渝另有任务，遂派代表参加常委会。当时学校的一切重大事项均由常委会决定，遇有需向当局请示之事，蒋、张二人在渝折冲。

三校原来就有密切的合作关系，有共同的教育理念，三校校长都是深谙高等教育规律的教育家，在本校均有很高的威望。因此，三校的联合可谓珠联璧合，相得益彰。三位常委相互信任，合作无间，与联大师生一起继承和发扬三校的优良传统和学风，共同谱写了我国高等教育史上的光辉篇章。

西南联大全校共设5个学院，26个系。

文学院：中国文学系、外国语文学系、历史学系、哲学心理学系。

理学院：算学系、物理学系、化学系、生物学系、地质地理气象学系。

法商学院：政治学系、经济学系、法律学系、商学系、社会学系。

工学院：土木工程学系、机械工程学系、电机工程学系、航空工程学系、化学工程学系。

师范学院：国文学系、英语学系、数学系、理化学系、史地学系、公民训育系、教育学系。

西南联大继续秉承"民主办学、教授治校"的方针，《教务会议致常委会文》和《训导处工作大纲》充分体现了教授们的办学思想。

1939年教育部连下训令三件，对大学应设课程、成绩考核均作详细规定，并要求教材呈部核示。联大教授对此颇不以为然，给常委会发文，请转呈教育部。大意摘录如下：第一，"夫大学为最高学府，包罗万象，要当同归而殊途，一致而百虑，岂可以刻板文章，勒令从同。世界各著名大学之课程表，未有千篇一律者，即同一课程各大学所授之内容亦未有一成不变者。惟其如是，所以能推陈出新，而学术乃可日臻进步也。如牛津、剑桥大学，在同一大学之中，其各学院之内容亦各不相同，彼岂不能令其整齐划一，知其不可亦不必也"。第二，"教育部为最高教育行政机关，大学为最高教育学术机关，教育部可视大学教学研究之成绩，以为赏罚殿最，但如何研究教学，则宜予大学以回旋之自由"。文中认为，教育部有权，大学有能，"权能分治，事乃以治"，"权能不分，责任不明"。第三，"当局时有进退，大学百年树人，政策宜常不宜变"。不能因部中当局之进退，朝令夕改。第四，"教育部今日之员司，多为昨日之教授，在学校则一筹不准其自展，在部中则忽然智周于万物，人非至圣，何能如此"。第五，全国公私立大学程度不齐，教育部欲树一标准，亦可共谅，但西南联大承三校之旧，均有成规，行之多年，"纵不敢谓极有成绩，亦可谓当无流弊，似不必轻易更张"。呈文送上后，教育部未下文批评，只表示收到此文，默认西南联大可照旧行事。实际上西南联大一门课程可由几位教授讲授，内容不一，百家争鸣，优点十分突出。

在育人方面，西南联大亦有独特之处，抵制党化教育，采取教书育人、启发引导之法。1939年11月7日《训导处工作大纲》中规定："本校训导方法，注重积极的引导，行动的实践；对于学生之训练与管理，注重自治的启发与同情的处理，以期实现严整的生活，造成纯朴的风气。""目标是：其一，力求北大、清华、南开三校校风之优点在联大有表现机会；其二，就学生日常团体生活，培养互助为公之团体精神；其三，促进学生对于时代的觉悟，与对于青年责任之认识，以增强其参加抗战建国工作之志向与努力。"大纲还强调"注重学校事务之教育价值"，大学教务、训育、总务等各个部门都应担负育人之责。基于以上原则，学校对学生的管理侧重引导、培养，而不是"管"和"罚"，提倡自治，提倡开展社团活动（学生组织学术性、政论性、文艺性的壁报社，组织体育会、歌咏队、剧艺社、诗社等等，只要学生提出事情，且聘请一位教授任导师，训导处一律予以批准）。因此，校园气氛十分活跃，学生的德、智、体、群各方面得到全面的培养。

传承和发扬三校优良传统和学风的主体是教授。曾在西南联大各系担任过教授职务的有269人。三校教授汇聚一堂，加上抗战时期从国外学成归来的青年学者，形成了一个老中青结合、人才济济的群体。在他们之中有学富五车的国学大师，有在国外留学多年、学术造诣深厚的学者，有我国近代科学和高等教育的奠基人及各学科的带头人，有掌握国外科学前沿知识、学成归国的青年教授。这样一批人登上西南联大的讲坛，联大学子在他们的言传身教下耳濡目染，加上本人的勤奋努力，人才辈出是顺理成章之事。

云南教育出版社组织出版"西南联大名师"，以学科为单位扼要介绍各位教授的生平、学术成就、育人贡献及道德风范，我认为是一项很有意义的事。近年来，社会上赞扬西南联大，倡导学习西南联大者甚众，这一书系为此提供了具体生动的教材。鉴于西南联大的教授在校时间差异很大，成就大小亦不相同，有些原始资料收集难度很大，因此，书系中未能收录所有教授。在入选的教授中，各篇文章的篇幅并未强求一致，只要言之有物、符合史实即可，这也是秉承西南联大的一贯作风。

沈克琦

西南联大北京校友会会长

原北京大学副校长

西南联大物理系1943届毕业生

2011年1月6日

王　烈　谭锡畴　袁复礼　孙云铸　冯景兰　张席禔　王恒升　张印堂
陶绍渊　李宪之　洪　绂　赵九章　钟道铭　林　超　鲍觉民　米　士

目　录

前言 / 1

在国内学习地质学并终身从事地质事业的第一人
——著名地质学家、地质教育家王烈教授 / 5
 一、北大地质学系的元老 / 6
 二、我国近代地震调查的先驱者之一 / 9
 三、中国地质学会创立会员之一 / 10
 四、德高望重的地质教育家 / 11

我国早期的地质学家之一
——著名地质学家、区域地质学家、矿业学家、地质教育家谭锡畴教授 / 14
 一、从事地质矿产调查 / 15
 二、从事地质教育　培养大批人才 / 17
 三、为新中国地质矿产勘察工作做出贡献 / 18

一代大师　千秋风范
——著名地质学家、地貌及第四纪地质学家、地质教育家袁复礼教授 / 22
 一、我国近代考古事业的先驱者之一 / 23
 二、西北地区科学考察的先驱者之一 / 25
 三、从事地质教育六十余年　培养几代地质学家 / 28
 四、我国地貌学、第四纪地质学、新构造学研究的奠基人 / 31
 五、在地层研究、矿产探寻和工程建设等领域做出贡献 / 32

一代宗师
——著名古生物学家、地质学家、地质教育家孙云铸教授 / 37
  一、我国古生物学、地层学的开拓者和奠基人 / 39
  二、地质学界的社会活动家 / 43
  三、卓越的地质教育家 / 44

足迹遍神州　桃李满天下
——著名矿床学家、地貌学家、地质教育家冯景兰教授 / 52
  一、我国近代矿床学的奠基者之一 / 54
  二、对我国水利建设做出重要贡献 / 57
  三、善教学　重实践　精心育人 / 59

锲而不舍　献身地质科学与教育事业
——著名地质学家、古脊椎动物学家、地质教育家张席禔教授 / 64
  一、对区域地质及地层、古生物学的研究 / 65
  二、对古脊椎动物化石与新生代地层的研究 / 67
  三、毕生从事地质教育 / 69

生命不息　奋斗不止
——著名区域地质学家、岩石学家、矿床学家王恒升教授 / 74
  一、在区域地质矿产调查上的成就 / 76
  二、在岩石学研究上的成就 / 76
  三、在矿床学研究上的成就 / 77
  四、认真教学　精心育人 / 79

中国经济地理学的主要奠基人
——著名地理学家、地理教育家张印堂教授 / 82
  一、对人口地理学的研究 / 83
  二、对经济地理学的研究 / 83
  三、对边疆地理学的研究 / 85
  四、教书育人 / 85

王　烈　谭锡畴　袁复礼　孙云铸　冯景兰　张席禔　王恒升　张印堂
陶绍渊　李宪之　洪　绂　赵九章　钟道铭　林　超　鲍觉民　米　士

地理名师　诚爱百年
——著名地理学家、地理教育家陶绍渊教授 / 88
　　一、传承地理　光我中华 / 88
　　二、国难当头　献身地学 / 91
　　三、经历坎坷　顽强豁达 / 93
　　四、地理教育　终生事业 / 94
　　五、潜心编目　关注未来 / 96
　　六、百年回顾　九州盼同 / 98

我国气象学界一代宗师
——著名气象学家、气象教育家李宪之教授 / 100
　　一、踏上科学之路 / 101
　　二、写出世界气象学史上的名著 / 103
　　三、学高德劭的气象教育家 / 105
　　四、潜心研究　奋斗不息 / 107

学地理始知中国之伟大
——著名地理学家、地理教育家洪绂教授 / 111
　　一、毕生从事地理教育 / 112
　　二、对地理区域划分的研究 / 114
　　三、对经济地理学的研究 / 114

一位开拓创新的科学家
——著名气象学家、地球物理学家、空间物理学家赵九章教授 / 117
　　一、我国现代气象学的奠基人之一 / 119
　　二、开创我国海浪研究的先河 / 122
　　三、我国宇航事业的奠基人之一 / 123
　　四、开拓我国空间物理和地球物理多分支学科研究 / 124
　　五、重才善教　教书育人 / 125

一位历史学、地理学兼通的地理学家
——著名地理学家、地理教育家钟道铭教授 / 130
 一、对中国古代地理学的研究 / 131
 二、对古代氏族的研究 / 131
 三、对人文地理学的研究 / 132

一位学术上前进不止的地理学家
——著名地理学家、地理教育家林超教授 / 134
 一、云南"大理冰期"的发现者 / 136
 二、我国人文地理学的开拓者 / 136
 三、为珠穆朗玛峰正名 / 137
 四、提倡进行综合自然地理研究 / 138
 五、勤于耕耘的地理教育家 / 139
 六、为人直道正行　学术前进不止 / 140

大师风范
——著名经济地理学家、地理教育家鲍觉民教授 / 144
 一、一颗爱国心　执教六十载 / 145
 二、开展科学研究　重视实地考察 / 146
 三、深入探索　不断追求 / 148

多彩的人生
——著名地质学家、登山运动员、水彩艺术家米士教授 / 151
 一、在德国奠定构造地质学和变质岩石学基础 / 151
 二、在中国对地层构造和变质造山带的研究多有建树 / 152
 三、美国西北部地质构造研究的开拓者 / 155

后记 / 161

王　烈　谭锡畴　袁复礼　孙云铸　冯景兰　张席禔　王恒升　张印堂
陶绍渊　李宪之　洪　绂　赵九章　钟道铭　林　超　鲍觉民　米　士

前　言

  国立西南联合大学（简称"西南联大"）地质地理气象学系由抗战前的北京大学地质学系和清华大学地学系合组而成，承清华大学旧制，分地质、地理、气象三组。北京大学的前身京师大学堂于1909年开办分科大学，格致科设地质学门，这是我国第一个培养高等地质人才的教学单位，是我国高等地质教育的肇始。1912年5

北京大学地质学系师生合影（1934年）。前排自左至右为孙云铸、李四光、葛利普、丁文江（北京大学综合档案馆提供）

月，京师大学堂改称北京大学，格致科也改称理科。1919年秋季，地质学门改称地质学系。自1913年至1937年，该系共有19届毕业生，计207人，成为当时我国培养地质人才的主要基地。清华大学于1929年秋成立地理学系，1932年更名为地学系，分设地理、地质、气象三组。自1931年至1937年，该系共有7届毕业生，计44人。西南联合大学地质地理气象学系的组成，有利于继承上述两校的传统，形成优势，开创了

西南联大地质地理气象学系部分师生合影（1940年）。前排为袁复礼（右二）、张席禔（左二）（袁复礼亲属提供）

我国地学教育的新篇章。

西南联合大学地质地理气象学系主任（1939年5月前称"教授会主任"）由原北京大学地质学系主任孙云铸教授担任。该系师资力量雄厚，很多是我国科学界、教育界的名流，他们不仅学识渊博、科研成果丰硕，而且品德高尚、敬业精神强。其中孙云铸、王烈、袁复礼、冯景兰、张席禔、张印堂、李宪之七位教授一直在西南联大任教，赵九章、王恒升、米士（德国籍）、谭锡畴、鲍觉民、钟道铭、陶绍渊、林超、洪绂等教授曾一度在西南联大工作。他们中的相当一部分曾在美、英、德、法、瑞士等国的知名学校留学，如美国的威斯康星州立大学、哥伦比亚大学、芝加哥大学，英国的伦敦大学、利物浦大学，德国的柏林大学、哈勒大学、纳也纳大学、勿兰堡矿务大学、萨根音大学，法国的里昂大学，瑞士的苏黎世大学等，其中有9人获博士学位，5人获硕士学位。他们了解国际上的学术动态，好几位都是刚取得学位后就回国到西南联大任教。古生物学家杨钟健曾在西南联大任兼职讲师，他是德国慕尼黑大学的博士；张寿常年轻时留学德国，获博士学位，后曾任西南联大副教授。这是一支老中青相结合的教师队伍，年长的有五十多岁，年轻的仅三十几岁，他们研究的学科广泛，包括古生物学、地层学、矿物学、岩石学、矿床学、构造地质学、地理学、经济地理学、人文地理学、气象学、气候学等。1955年以后，他们中的孙云铸、冯景兰、赵九章、王恒升当选为中国科学院学部委员（后称院士）；1999年9月，赵九章被追授"两弹一星"功勋奖章。

在抗日战争的艰难岁月里，西南联大地质地理气象学系的教师们虽然过着清贫

| 王烈 | 谭锡畴 | 袁复礼 | 孙云铸 | 冯景兰 | 张席禔 | 王恒升 | 张印堂 |
| 陶绍渊 | 李宪之 | 洪绂 | 赵九章 | 钟道铭 | 林超 | 鲍觉民 | 米士 |

清华大学地学系师生合影（1953年）。前排有袁复礼（右四）、冯景兰（右三），第二排有杨遵仪（右二）等（杨遵仪提供）

的生活，但承担繁重的教学任务，每个人要教授好几门课程，并且亲自带领学生去野外实习，指导毕业论文。教授们还结合西南地区特别是云南省的经济建设实际，进行地质、地理、气象方面的科学研究，获得了丰硕的成果，得到南京国民政府教育部的奖励：1942年，孙云铸的"中国古生代地层之划分"获自然科学类二等奖，冯景兰的"川康滇铜矿纪要"获自然科学类三等奖，张印堂的"滇缅铁路沿线经济地理"获社会科学类三等奖；1943年，赵九章的"大气的漩涡运动"获自然科学类二等奖。

在上述教授们的精心培育下，1938年至1946年的八年间，西南联大地质地理气象学系共有毕业生166人，其中获硕士学位的有3人，他们是董申保（原北大学生，1944）、顾震潮（原清华学生，1945）、李璞（原清华学生，1945）。在这些毕业生中，大多数后来在高等学校或科研机构任职，一部分人在产业部门从事科学技术研究或行政管理工作，更有少数人在台湾、香港或国外工作，他们都在各自的研究领域取得丰硕的成果，做出卓越的贡献。他们中不乏著名的学者、专家，有17人于1980年当选中国科学院地学部委员，他们是（括号中的数字指从西南联大毕业的年份）：宋叔和（1938）、王鸿祯（1939）、董申保（1940）、谢义炳（1940）、关士聪（1940）、黄劭显（1940）、叶笃正（1940）、张炳熹（1940）、贾福海（1941）、池际尚（1941）、谷德振（1942）、刘东生（1942）、马杏垣（1942）、顾知微（1942）、穆恩之（1943）、郝诒纯（1943）、涂光炽（1944）；1991年当选为中国科学院地学部委员的有3人，他们是：陈庆宣（1941）、陈梦熊（1942）、杨起（1943）；韩德馨（1942）于1995年当选为中国工程院院士。西南联大地质地理气象学系毕业生有21人为两院院士，占毕业生总数的12.7%。刘东生、叶笃正分别荣获2003年度、2005年度国家最高科学技术奖。

（于　洸）

在国内学习地质学并终身从事地质事业的第一人
——著名地质学家、地质教育家王烈教授

王烈

王烈,地质学家、地质教育家。京师大学堂(北京大学前身)地质学门第一班学生,是在国内学习地质学并终身从事地质事业的第一人。他从事地质教育40余年,先后任教于北京高等师范学校、农商部地质研究所、北京大学、北洋大学、长沙临时大学、西南联合大学等,特别是在北京大学地质学系执教近40年,两度担任系主任,为祖国培养了大量的优秀地质人才。

王烈,字霖之,1887年11月10日出生于浙江省萧山县(今杭州市萧山区)临浦镇。自幼聪慧勤奋,成绩优异,10岁时到杭州读书。1906年被选送到京师大学堂预备科学习,1909年夏毕业。1909年8月3日(清宣统元年六月十八日),学部奏请朝廷给京师大学堂毕业生以奖折,预备科八十分以上者为最优等,共八人,王烈名列第三,他毕业的平均分数达八十八分三厘四毫。京师大学堂于1909年开办分科大学,格致科中首批设立的有地质学门,它是我国高等学校中设立的第一个地质学门(系),是我国高等学校中培养地质人才的肇始。当时规定,格致科以预备科德文班学生升入,王烈等5人是格致科地质学门的第一届学生。当时在地质学门任教的主要是德国地质学家梭尔格博士(Dr. F. Solgar)。1912年5月,京师大学堂改称北京大学。王烈于1913年5月从北京大学毕业。毕业前不久,他考取公费留学,于1913年2月赴德国勿兰堡矿务大学继续攻读地质学。当时,德国正准备与英、法、俄等国的战争,国内形势紧张、混乱。1914年8月,第一次世界大战爆发。王烈毕业后就匆匆回国了。

回国后，王烈在北京高等师范学校（北京师范大学前身）博物部任教。农商部地质研究所于1913年6月成立，前两年附设于北京大学，是我国自办的一所三年制地质专科学校。不久王烈到地质研究所讲授构造地质学和德语，并兼任地质调查所的工作。1916年7月，地质研究所有22人结业，其中获毕业文凭的有18人，13人入地质调查所工作。自此，我国的地质调查工作才真正开始起步。王烈为这批地质人才的培养做出了贡献，为我国后来地质工作的开展打下了良好的基础。

1913年5月以后，因学地质学的人数太少，开办费用很大，北京大学地质学门暂时停办了。1917年秋季，地质学门恢复招生，并于1919年秋改称地质学系。1919年8月，王烈受聘任北京大学地质学系教授。从此以后，他从未离开过北京大学，从未离开过地质教育岗位。京师大学堂地质学门第一届五名学生之中，坚持在地质战线善始善终者只有王烈一人。所以，人们认为王烈是在国内学习地质学并终生从事地质事业的第一人。1924年至1927年间，王烈先后任北大学院第二院（理学院）代理主任、北大学院总务长兼第二院主任、北京大学秘书长等职。1937年7月抗日战争爆发后，北京大学南迁，王烈先后任长沙临时大学、西南联合大学地质地理气象学系教授。1946年夏，北京大学复员回北平，王烈继续任北大地质学系教授。

1950年以后，王烈多病，退休在家，专职从事翻译工作；1957年2月2日病逝于北京，享年70岁。

一、北大地质学系的元老

王烈任北京大学地质学系教授始于1919年8月，先后担任矿物学及实习、高等矿物实验、地质学、岩石学及实习、高等岩石学及实习、地形测量及实习等课程的教学工作，往往同时上三四门课，每周教学多达15学时以上。他还专门安排出时间给学生答疑，并指导学生野外实习。王烈知识面广，他的讲课很受学生欢迎。1927年，他兼任北平大学第二工学院（原北洋大学）采矿冶金门地质学教授。

20世纪20年代初期，我国中文地质文献很少，德国地质学家李希霍芬（F. F. Von Richthofen）所著的德文版《中国》是我国地质研究者重要的参考文献之一。但当时国内能阅读德文书的人很少，王烈便不辞辛苦，用笔译或口译向学生传授这本书的内容。1920年10月，美籍德裔地质学家、古生物学家葛利普（A. W. Grabau）

王　烈 谭锡畴　袁复礼　孙云铸　冯景兰　张席禔　王恒升　张印堂
陶绍渊　李宪之　洪　绂　赵九章　钟道铭　林　超　鲍觉民　米　士

应聘任北京大学地质学系教授，讲授古生物学、地史学等课程，他用英语和德语讲课，初期由王烈口译。葛利普教授为我国培养出众多著名的地质学家、古生物学家，大家认为，王烈在其中曾起过不少协助作用。

1917年至1937年，是北京大学地质学系发展迅速的二十年。1919年7月至1924年10月，何杰教授任地质学系第一任教授会主任（后称系主任）。1924年10月至1927年4月、1928年9月至1931年9月，王烈两度担任地质学系系主任。在这段时间里，地质学系的师资队伍得到很大的加强，何杰、温宗禹、孙瑞林、王绍瀛、葛利普、李四光、朱家骅、孙云铸教授等先后在系里任教。葛利普和李四光两位教授于1920年到该系任教，对全系的教学工作、人才培养、科学研究等起了极大的推动作用。这一时期，该系的课程设置不断改进，课程分必修科目与选修科目、普通科目与高等科目。从1923年秋季始，三、四年级分矿物岩石学门、经济地质学门、古生物学门三个学门，供学生选学。教师们倾心教学，注意培养学生独立思考的能力，对他们既严格要求，又热情关心。全系师生的科学研究工作有很大进展，王烈对此做出了重要贡献。

王烈对青年人的成长很关心。1920年9月，北大地质学系二年级学生杨钟健等发起成立地质研究会，宗旨是"本共同研究的精神，增进求真理的兴趣，而从事于研究地质学"。10月10日举行成立大会时，王烈因事未能参加。但他与其他教授积极支持该会的活动。11月28日，地质研究会举行讲演会，王烈发表了"中国之支那海侵时代及昆仑海侵时代"的讲演，他从地质历史、海陆变迁讲起，并运用图、表，着重介绍了中国地区寒武纪、奥陶纪的"支那海侵"和志留纪、泥盆纪的"昆仑海侵"的分布特征，并讲述了古地理、海陆变迁的研究方法，对参会者很有启发。这次讲演的记录稿刊登在《国立北京大学地质研究会会刊》第一期（1921年10月10日出版）。地质研究会对会务有四项规定：敦请学者讲演，实地调查，发刊杂志，编译图书。1920年12月24日，地质研究会召开茶话会，敦请部分老师参加，征求研究会如何开展活动的意见。翁文灏、葛利普、何杰、王烈等教授与会，并发表了意见。王烈对研究会的研究方针提出建议，他说："（一）注意理论，不急于速求应用；（二）科学上新说可以把旧说代替，故不必存绝对的观念；（三）应该用科学的方法把当时尚凌乱的中国地质调查报告加以整理。""至于实地调查，可利用暑期回家时去做。现在就能办到的先办。"地质研究会要完全按上述规定开展会务活动有不少困难，其中之一就是经费。王烈在茶话会上说："可以先向地质学系的教员呈请捐助，也可以像葛利普教授所说的那样，向国外人募集。"会后，系主任何杰教授发起地质学系教员捐助，至1921年初共募得125元，支援地质研究会的活动。

王烈从多方面支持地质研究会的活动，并对其做出的成绩加以鼓励。《国立北京大学地质研究会会刊》第三期于1928年7月出版，王烈应邀写了《卷头语》，他从矿业、工业、农业、水利、灾害、商业、军事等方面论述了"近代地质学之关于近代文明者至深且巨"，但"吾国人每以此为理论科学而漠然视之"，"吾校地质系同仁组织之地质研究会，历有年所，年出会刊，将平日调查研究之所得贡献于世，藉以唤起国人之注意，本届循往例而刊行，其意仍犹是也"。1929年11月26日，地质研究会全体会员大会议决将地质研究会改名为"北京大学地质学会"。《国立北京大学地质学会会刊》第五期于1931年4月出版，王烈又应邀写了《卷头语》，他指出："比年以来，吾国人士常自憾出版品之寥落，而尤疚心于科学论著之罕觏。今吾校地质学会会刊又将付梓矣，斯刊梓行后，其贡献于学术界者或至微渺，而足供今中国人及肄业斯学者观摩之资，则彰彰明甚。循是焉，而益求深诣，其前程固未可量也。"

20世纪二三十年代，王烈还参加了北京大学的一些管理工作，1924年担任学校庶务委员会委员。1928年9月21日，南京国民政府决定设立北平大学区，将北京大学等北平九所国立高等学校及天津、河北的国立高等学校合组为北平大学。这一决定遭到北京大学师生的强烈反对。1929年1月，当局做出让步，确定北京大学的名称为北平大学北大学院，包括第一院（文学院）、第二院（理学院）、第三院（社会科学院），对外仍译用国立北京大学（The Peking National University）。至此北大被迫停课九个多月之后，于1929年3月11日重新开学。王烈任第二院代理主任；3月11日，任北大学院总务长兼第二院主任；3月17日，北大学院举行评议会评议员选举，他当选为评议员；4月13日，还被聘任为财务委员会委员长、校舍委员会委员、自然科学季刊委员会委员和研究所自然科学门委员。同年8月3日，王烈致函北大学院，请辞总务长及第二院主任之职，未获批准。

1929年8月6日，南京国民政府决定，北大学院脱离北平大学，正式恢复国立北京大学的名称。8月23日，北大全体教职员工致电蔡元培先生："北大幸得恢复，校长一席非先生莫属，务乞北返主持，以慰众望。"并推举王烈、刘复赴沪敦请。蔡先生表示："深感诸先生维护北大、爱重鄙人之盛情。"9月16日，国民政府任命蔡元培为北京大学校长。

1929年10月，王烈任北京大学评议会评议员，校舍委员会委员长，财务、聘任、庶务、学生事业委员会委员。次年9月，北京大学取消原来的评议会，改设校务会议，以决定学校的大政方针。1931年9月至1937年9月，王烈都是校务会议会员。1931年7月至1933年12月，他任北京大学秘书长，并在1931年至1937年期间任图书、仪器委员会委员，1931年至1933年期间任财务委员会委员，1932年至1933年期间任学生事业委员会委员。王烈在上述一系列岗位上，为北京大学的建设和发展贡献了力量。

在《国立北京大学同学录（1930年）》中，王烈书写了"前言"，对同学们提出希望："在我国这种风雨飘摇的教育状况之下，诸君居然完成了大学教育，真是一件很不容易的事。回忆这六年中，我校经过了多少困难，才得到今天这样的地位。现在诸君毕业了，我一方面很荣幸地来庆贺你们；一方面还希望诸君在学业上，本着精益求精的宗旨，去继续研究，在服务上，本着我校饱受困苦的经验，百折不回的精神，去继续为社会为国家奋斗，发扬北大的光荣于全国。诸君前途无量，愿各好自为之。"

王烈曾几次请辞秘书长职务。1931年12月18日，他致函蒋梦麟校长："烈素耽教学，不习庶事，前承畀以秘书长重任，屡次请辞，迄未获许，荏苒数月，贻误实多。近以同学赴京示威，承校务会议推举，南下照料，舟车劳顿，旧症复发，实难再膺繁剧，务恳辞去秘书长职务，俾资休养，无任感荷。" 12月24日，北大校务会议议决：在蒋校长未回校以前，仍请王秘书长照常继续职务。王烈顾全大局，继续履行职务，直至1933年12月6日新任秘书长到任。

二、我国近代地震调查的先驱者之一

王烈在从事地质教学工作的同时，还从事地质调查和科研工作。他留学回国时，我国地质研究工作还处于草创时期。他所著的《河北省怀来县八宝山煤田地质报告》，是我国早期的地质报告之一。1920年底，甘肃东部的海原、固原（今属宁夏回族自治区）一带发生里氏8.5级大地震，当地民众损失严重，死亡二十多万人，房屋、农田、牲畜等损失不计其数。1921年2月15日，南京政府教育部训令北京大学教授王烈等会同内务、农商两部派员，前往地震灾区调查。这是民国以来组织的第一次地震调查。王烈与翁文灏、谢家荣、杨铎等六人于4月15日出发，乘火车至绥远，取道宁夏，经固原、平凉、天水至兰州，对灾区的重要地点进行了勘察。他们尤注意科学之研究，除调查赈灾状况、勘察山崩地裂等现象外，更注意地质之考察，以便了解此次震波的起源与地壳之间的关系。这次地震中，甘肃海原、固原等地的灾情最为严重，其次为陕西西部与甘肃交界处；此外，山西、河南、直隶（今河北）、山东、湖北、安徽等省皆有震感，但未成灾。王烈一行的这次调查历时近四个月。后来翁文灏发表了《甘肃地震考》（1921年），谢家荣发表了《民国九年十二月十六甘肃及其他各省之地震情形》（1922年）等论文。谢先生在文中还写道："余师翁咏霓（翁文灏）、王君霖之（王烈）皆为赴甘之委员，同行时，对于调查材料，互相讨论，获教之处甚多。"此次调查后，王烈又向南至甘肃省南部的武都、陕西省南部的汉中等地调查。一次他在汉中的药铺中购得石燕贝化石，回京后请葛利普教授研究。经追索查明，该化石原产于广西（在湖南也有很多同类者）。后来葛利普发表了《中国古生物志·中国泥盆纪腕足类化石》，其中对化石定了一个新种，命名为"王烈石燕"，以示对王烈的敬仰。

三、中国地质学会创立会员之一

王烈积极参加地质科学的学术交流活动，他是中国地质学会26名创立会员之一。1922年1月27日，26位地质学界人士应邀在农商部地质调查所开会，逐条讨论了地质学会的章程草案。五人领衔组成筹备委员会，负责推举学会职员候选人，章鸿钊任筹委会主席，王烈是委员之一（另三人是翁文灏、李四光和葛利普）。2月3日中国地质学会召开会员大会，通过了学会章程，选举了职员，宣告中国地质学会正式成立。王烈当选为首届评议会评议员（相当于后来的理事会理事）。1922年至1924年，他连任了三届评议员。

1925年1月3日至5日，中国地质学会在北京举行第3届年会，大会由王烈主持，会长翁文灏发表演说，题为"理论的地质学与实用的地质学"，葛利普作学术报告，题为"*Misunderstood Factors of Organic Evolution*"。王烈后来当选为中国地质学会第5届（1926~1927年度）和第7届（1929年度）评议会副会长。

四、德高望重的地质教育家

1937年7月7日，日本帝国主义发动了全面侵华战争。7月29日，北平失守，7月30日，日军占领天津。北平、天津沦陷后，南京国民政府命北京大学、清华大学、南开大学南迁湖南长沙，合组为长沙临时大学；1938年初又迁往云南昆明，4月2日更名为国立西南联合大学。

王烈一生热心教育工作，无论在军阀混战时期，还是在抗日战争时期，他都坚守在教育岗位上。日本帝国主义占领北平后，在国难当头的危急时刻，年逾半百的他长途跋涉，颠沛流离，先至长沙，后到昆明，继续为培养地质后人而努力。这种崇高的民族气节，感动了不少滞留在沦陷区的知识分子，他们以王烈等人的爱国情怀为榜样，相继走向祖国大后方。

王烈任长沙临时大学、西南联合大学地质地理气象学系教授时，一直讲授矿物学、光性矿物学，也教过岩石学和测量学。他是我国第一代矿物学家、地质学家之一；在西南联大地质地理气象学系的教授中，他是年纪最长的一位，学生们对他上课时的情景留下了深刻的印象。他教学经验丰富，讲课时不看讲稿，常把老花镜推到额头上，许多重要数据能背到小数点后第三四位。他作风严谨，往往讲完一个段落，就摸出怀表来看看时间，下课铃声响起，他的讲课也就告一段落了。学生们拿着矿物、岩石标本请教他时，他拿起放大镜，或用简单的测试方法测试，很快就解答清楚学生的问题。指导学生鉴定岩石薄片时，他将岩石薄片放在偏光显微镜上转几下，就能准确说出矿物的名称。大家认为他是矿物学、岩石学方面实践经验相当丰富的权威。在西南联大期间，他还积极参加各种学术活动，曾应邀为全系师生作"中国地质教育史"的报告。

1945年8月，抗日战争胜利。1946年夏，北京大学复员北平。王烈回到北平后，着手筹备北京大学地质学系的重建工作。他虽年近花甲，但不辞远途劳累，事无巨细地为复员工作操劳。1946年10月开学后，他担任普通地质学和普通矿物学的教学工作。

1948年秋，王烈的健康状况严重恶化。1950年以后，他退休在家，但仍关心教育工作。工作时由于忙于教学，他写作不多；退休后，虽体病力衰，但精神犹在，只要病情稍愈，即潜心从事矿物学、岩石学书籍的翻译工作，为我国地质科学事业发挥余热。几年成数卷，可惜是在病中所作，精神不够贯注，若出版问世，尚需加工。

王烈晚年所患疾病主要在神经系统方面，时轻时重，以为尚无大碍。1956年底，病情加重，入北京协和医院治疗，于1957年2月2日与世长辞，享年70岁。2月10日，北京大学校长马寅初教授、北京矿业学院副院长何杰教授，主持了王烈的公祭大会，王烈的同事、学生和亲友，以及正在参加中国地质学会第二届全国会员代表大会的部分代表、理事和会员参加了公祭大会。王烈先生的遗体安葬于北京西郊万安公墓。

王烈教授在地质教育战线辛勤耕耘了四十几个春秋，其中，在北京大学工作近四十年，为北京大学地质学系的建设和发展贡献了自己的力量，培养了一批又一批地质科学人才。高振西先生在《王烈（霖之）先生小传》（1957年）一文中说：王烈先生"可谓毕生贡献于地质教育事业，鞠躬尽瘁，中外能有几人？现在中国的地质工作者中大多数都是先生的学生或他学生的学生"，"老成凋谢，哀悼同深，桃李满门，万古长青。"王烈教授对我国地质事业，特别是地质教育事业的发展，功不可没。他执著的工作精神，永远值得地质学界的晚辈们学习和弘扬。

（于　洸）

王烈简历：
1887年11月10日　出生于浙江省萧山县临浦镇。
1897年　赴杭州读书。
1906~1909年　京师大学堂预备科学习。
1909~1913年2月　京师大学堂格致科地质学门学习。
1913年2月~1914年8月　德国勿兰堡矿务大学继续攻读地质学。
1914年8月　回国任北京高等师范学校博物部教授，兼任农商部地质研究所教职，并在农商部地质调查所兼职。
1919年8月　任北京大学地质学系教授。
1921年　与翁文灏、谢家荣等考察甘肃海原地震。
1922年　中国地质学会创立会员之一，任首届评议会评议员。
1924年10月~1927年4月　北京大学地质学系主任。
1928年9月~1931年9月　北大地质学系主任。

1929年1月　北大学院第二院代理主任。
1929年3月　北大学院总务长兼第二院主任。
1931年7月~1933年12月　北京大学秘书长。
1937年8月　长沙临时大学地质地理气象学系教授。
1938年4月　西南联合大学地质地理气象学系教授。
1946年5月　北京大学地质学系教授。
1950年　退休在家,从事翻译工作。
1957年2月2日　在北京病逝。

王烈主要著作：

1．《中国之支那海侵时代及昆仑海侵时代》，1921年。

2．《卷头语》，《国立北京大学地质研究会会刊》（3），1928年。

3．《卷头语》，《国立北京大学地质学会会刊》（5），1931年。

本文参考文献：

1．高振西：《王烈（霖之）先生小传》，《地质论评》，1957年第2期。

2．中国科学技术协会编：《中国科学技术专家传略·理学编地学卷（2）》，中国科学技术出版社，2001年版。

3．于洸：《王烈：地学人物》，地质出版社，1993年版。

4．王学珍、郭建荣主编：《北京大学史料·第二卷（1912~1937）》，北京大学出版社，2000年版。

5．王学珍等：《北京大学纪事（1898~1997）》，北京大学出版社，2008年版。

6．中国地质学会地质学史专业委员会、中国地质大学地质学史研究所合编：《地质学史论丛（5）》，地质出版社，2009年版。

我国早期的地质学家之一
——著名地质学家、区域地质学家、矿业学家、地质教育家谭锡畴教授

谭锡畴,我国早期的地质学家、区域地质学家、矿业学家、地质教育家。在我国许多地区从事过区域地质矿产调查,尤其是山东白垩纪地层古生物调查、四川西康地质矿产调查,在我国具有开创意义。主编我国第一幅1:100万地质图,对资兴煤矿、易门铁矿等的开发经营有重大贡献。先后任北平师范大学、北洋大学、北京大学、西南联合大学、昆明师范学院、云南大学等校教授,培养了大批地质人才。

谭锡畴,字寿田,1892年12月28日生于河北省吴桥县梁集村。1913年毕业于保定中学。同年,考入农商部地质研究所,这是一个培养专门地质人才的教学机构。在三年的学习中,他不但学习了基本地质理论知识,还通过十余次的野外实习,在实践操作方面得到良好的训练,为今后从事地质调查打下了良好的基础。

谭锡畴

1916年夏毕业后,谭锡畴到农商部地质调查所工作,任调查员,先后在北京、河北、山东、黑龙江、辽宁等地进行地质矿产调查,并主编了中国学者自编的第一幅大面积地质图——《北京—济南幅地质图(1:100万)》。1924年赴美国留学,1926年获美国威斯康星州立大学理学硕士学位,1927年获美国约翰·霍普金斯大学地质学硕士学位。1928年回国后任农商部地质调查所技正,1931~1936年兼任北平研究院地质研究所研究员。1933年起,先后在北平师范大学、北洋大学、北京大学、西南联合大学、昆明师范学院、云南大学任教授。其间,1937年一度担任湖南资兴煤矿矿长,1939~1940年兼任云南易门铁矿局局长;1950年任云南省财政经济委员会委员、西南地质调查所第二地质调查队队长,1950年11月任中国地质工作计划指导

委员会委员、矿产地质勘探局局长。1952年逝世。

谭锡畴是中国地质学会26名创立会员之一，1930年任中国地质学会第8届评议会评议员。1937年任《地质论评》编辑，1949~1950年任《中国地质学会志》编辑，1951年任中国地质学会第27届理事会候补理事、《中国地质学会志》编辑。他热心会务，为地质学会和学会主办的刊物做了许多工作。

一、从事地质矿产调查

谭锡畴进入农商部地质调查所工作后，参加的第一项工作是在所长丁文江及地质股股长章鸿钊、矿产股股长翁天灏的领导下，对北京西山进行地形地质测量。他首先与同事用平板仪测出地形等高线，再按一定路线调查地层、岩石、地质构造等。经过一年多艰苦的野外工作，1918年春考察告一段落，他们又用了近一年时间进行资料整理、绘制图件，最后由叶良辅执笔写出报告，题为"北京西山地质志"，1920年由地质调查所作为《地质专报》甲种第1号出版。书中附有比例尺为1∶10万的《北京西山地质图》，这是中国学者自己测制的第一幅详细地质图件。《北京西山地质志》分为地层系统、火成岩、构造地质、地文和经济地质五章，报告中的资料丰富，记载翔实，论述透彻，是我国地质工作者详尽解剖一个小区域地质的最早的研究报告。尤为可贵的是，该报告纠正了此前某些外国学者对西山地质的许多错误论断，为西山地区的地质研究和资源开发奠定了基础。它出版后曾引起广泛的关注，北京大学地质学系和稍晚建立的清华大学地学系的学生在野外实习时，都将该书作为重要的参考书。对北京西山的调查，对刚参加工作的谭锡畴等人来说，是一次很好的锻炼，同时也显示出他的卓越才干。

在参加西山地质调查的同时，谭锡畴还调查了直隶（今河北）唐山、宣化等处的煤田。1918年秋，应龙烟铁矿和农商部矿业顾问安特生（J. G. Andersson）之邀，谭锡畴、朱庭祜等人赴直隶省宣化、涿鹿、怀来等地进行地质矿产调查，测制比例尺为1∶10万的地质图，并在此基础上，写成《直隶宣化涿鹿怀来等县地质矿产》一文。1919年，谭锡畴又随安特生去山东，调查了金岭镇铁矿、章丘煤矿、淄博煤矿及历城、章丘铁矿。1922年底，他们又一次去山东，调查蒙阴、新泰、莱芜一带的中生代及新生代地层，发现并采集了大量保存完好的恐龙、鱼类、昆虫类、瓣鳃类和植物化石,时代为早白垩纪。1923年谭锡畴发表了《山东蒙阴、莱芜等县古生代以后的地层》一文。在中国中生代(特别是白垩纪)地层研究方面,这是一次很有价值的发现,不但纠正了外国学者在此问题上的错误(早年,一位德国地质学家误认为这里的地层是石炭纪或二叠纪,一位美国地质学家误认为是二叠纪至中生代),而且为中国白垩纪地层的研究奠定了基础。后来,谭锡畴和李春昱调查四川全省的地质构造时,很容易地将四川白垩纪的地层分为自流井层、嘉定层和蒙山层。

1923年,谭锡畴来到东北,调查黑龙江汤原县鹤岗煤田、热河朝阳县北票煤田,及辽宁黑山八道壕煤田的地质情况。稍后,他又承担了编制《北京—济南幅地质图(1:100万)》的任务。编制此图时,他由一名工人带路,用鸡公车(独轮车)装上行李及工作用品,行进在山间小道上。经过长途跋涉,谭锡畴得到许多第一手资料,再经过详细的整理、编绘,于1924年完成了这幅图及其说明书,由农商部地质调查所出版。这是我国学者自编的第一幅按国际分幅要求绘制的1:100万地质图,为后来编制全国整套地质图提供了样板,是中国地质调查史上的一件大事。

编完上述图件后,谭锡畴赴美国威斯康星州立大学地质系学习。学习期间,他参加了美国1:6万区域地质测量和填图工作,1926年完成了题为《岩石裂痕构造及其他相似构造之研究》的学位论文。通过论文答辩取得理学硕士学位后,他转入约翰·霍普金斯大学继续学习,并于1927年获该校地质学硕士学位。

1928年初,谭锡畴回国后,任农商部地质调查所技正。当年秋季,他与王恒升一起去东北进行考察,主要工作地区在黑龙江,重点调查了嫩江、克山诸县的煤田地质情况。1929年,两人发表了《黑龙江嫩江流域之地质》一文。他们在文中指出,找到煤田的希望不在嫩江平原,而在松花江流域。

1929年秋,谭锡畴与李春昱来到西南地区,对四川、西康进行大规模的区域地质调查。这次调查是丁文江领导的西南地质大调查的一个组成部分。两人与丁文江、王曰伦、曾世英一起从北平出发,到武汉改乘轮船溯江而上,过三峡至重庆,换乘汽车到成都。五人此次考察,行程上万里,历时两年多,完成了30多幅1:20万路线地质图。他们是我国最早穿过大巴山并对其地质构造进行研究的地质学家,应而他们的工作具有开创性。

当时,在西南地区工作的条件十分艰苦,不但没有地形图,连地理底图都没有标绘可靠的经纬度,谭锡畴等在进行地质测量的同时,还得兼做地形测量等一系列工作。为了测量经纬度,他和李春昱按照丁文江的设想,带上一部无线电收音机,晴天晚上用它来测量星斗的位置,计算出当地的时间;再用它收听天文台报出的标准时间，然后用两者的时间差算出当地的经纬度。当时西南地区的治安条件很差，他们在荒郊野外遇到的艰险不知有多少次。

这次考察取得的收获十分可观。回到北平后，经过分析整理，谭锡畴、李春昱先后发表了《西康东部地质矿产志略》(1931)、《四川峨眉山地质》(1933)、《四川石油概论》(1933)、《四川盐业概论》(1933)、《西康东部地质矿产志略》(1934)等论著。这些论著都是研究西南地区地质的开创性文献；直至1959年，地质出版社还出版了《四川西康地质矿产志》的文字部分，这说明两人当年的成果对后人有很大的参考价值。

抗战初期，谭锡畴曾在湖南资兴煤矿进行地质调查。他在黄汲清、张兆瑾、路兆洽等人工作的基础上，派人进一步深钻，使得煤田的探明储量有所增加。他还一度担任资兴煤矿的矿长，直接从事煤矿的经营管理工作。1938年来云南后，他一边在西南联合大学任教授，一边应地方政府之邀请，主持宣威煤矿的勘探和开采工作；1939~1940年，又兼任云南易门铁矿局局长。主持易门铁矿局期间，他曾先后邀请西南联合大学教师王嘉荫、郭文魁，地质调查所技师王曰伦、边兆祥等前去易门进行地质勘察，进一步查明该矿的地质特征及矿产储量。由于他经营得法，易门铁矿的产量年年上升，缓和了抗战后方缺铁的矛盾。通过实践总结，谭锡畴写出《易门铁矿矿产概要暨29年度探采工程计划》(1939)、《云南易门安宁禄丰主要铁矿矿床述要》(1943)、《云南矿产概况及其在全国所占之地位》(1947)等多篇有价值的论文，还于1948年出版了专著《世界工业矿产概论》(1948)。

二、从事地质教育　培养大批人才

1933年离开地质调查所之后，谭锡畴把主要精力用于地质教育，抗战以前，任北平师范大学、北洋大学、北京大学教授；抗战爆发后，任西南联合大学教授；抗战胜利后，任昆明师范学院博物系主任，同时兼云南大学矿冶系教授。他讲授的课程有：地质学、矿床学、地史学、构造地质学、地质测量、沉积学等，是我国较早开设沉积学课程者之一。他十分注意自己知识的更新，不断接受和运用新的理论和方法，凡国内外新出版的地质学和其他有关书刊，都认真阅读。若在学校图书馆里借不到，他就自己购买，每月薪水的一部分甚至一半被他用于购买书籍了。他热爱教学工作，对学生的学习非常负责，所编讲义内容十分丰富。他常带领学生们去野外实习，注意培养学生的实践能力，还很重视学生毕业论文的写作指导，常去检查他们毕业论文的准备情况，特别是搜集论文资料的情况。因为谭锡畴认为，毕业论文是学生在校学习的总结，马虎不得。他对学生的严格要求使学生们受益良多。

谭锡畴的治学态度谦虚而严谨，他认为，科学是容不得半点虚假的，决不能想当然，所以从不发表不成熟的意见。在带领学生到野外实地考察的过程中，学生们所提出的问题，他能回答的当场就回答，一时回答不了的就等查了书以后再回答，有时老实承认自己还回答不了，从来不马马虎虎、不懂装懂。1939年夏，他在西南联大带队实习，在一个观察点，地层层序不易确定。学生问他时，他就如实说"不敢确定"。又有一次，他在昆阳的红色板岩地区工作时，想要找到能够确定地层时代的化石，可足足找了两个小时，他一无所获，便不敢妄下结论；后来向西走到安宁，见到上覆岩层是震旦纪灰岩，才确定昆阳板岩是属于不含化石的前震旦纪（即今"昆阳群"）。这种实事求是、一丝不苟的治学态度，是一名地质科学工作者最可贵的品质，给了学生们很深刻的教育。

谭锡畴的严格要求及言传身教使学生们获益匪浅，他的良苦用心及辛勤劳动也得到了回报。他在北京大学、西南联合大学教过的学生，如张炳熹、董申保、关士聪、谷德振、马杏垣、顾知微等，后来都成为中国科学院地学部学部委员（院士）。

三、为新中国地质矿产勘察工作做出贡献

1949年12月，昆明和平解放。谭锡畴这位辛勤正直的老地质学家为国家历经战乱终于迎来了和平而感到欢欣鼓舞。他积极参加新中国的建设，1950年初被任命为云南省财政经济委员会委员，不久又担任西南地质调查所第二地质调查队队长，主要负责云南地区地质人员的归队及地质矿产勘察工作的开展。由于他的努力，这两方面的工作取得很大成绩。不久，他被调往北京。1950年11月，以李四光为主任委员的中国地质工作计划指导委员会在北京成立，谭锡畴是该委员会的21名委员之一。这次大会是新中国成立后地质学家的一次盛大集会，除21名委员外，还邀请了其他74位地质学家参加。中国地质事业的奠基人之一章鸿钊出席并致开幕词。谭锡

畴与当年的老师久别重逢，百感交集，都为祖国地质事业有美好的前途而万分庆幸。会上，大家认真讨论了建国初期地质工作的任务和计划；在组织机构上，决定在委员会的领导下，成立地质研究所、古生物研究所、矿产地质勘探局。谭锡畴负责筹备矿产地质勘探局，该局下设经济地质、工程地质、物理探矿、钻探、化验、测量等部门。谭锡畴苦心筹划，四方奔走，经常向上级领导请示汇报，又广泛征求专业人员的意见，将工作安排得井井有条。1950年底，他被任命为矿产地质勘探局局长，为新中国矿产资源的勘探和经济建设发挥着他的组织和领导才能。

谭锡畴身居要职，却平易近人，所以与群众的关系很好，工作上深得大家的支持。他常对人说："做一个正确的领导者，必须有三要：一要认识群众的智慧和能力；二要大胆放手让群众工作；三要自己有度量。"他是这么说的，也是这么做的。

1952年夏，谭锡畴被发现患有肾癌。在北京医学院附属医院诊疗期间，他仍念念不忘祖国地质矿产勘探事业的发展，对来探视的同事们说："中国的地质事业很重要，但我年迈多病，恐难起多少作用了。"同事们安慰他说："中国地质事业很重要，我们有群众，再加上你的领导，会培养出更多的新生干部，也就会有第二个、第三个以至于很多个谭局长出来。那么，祖国和人民的地质矿产勘探事业就会有光辉的成就。"1952年6月4日，病魔无情地夺走了谭锡畴的生命，享年60岁。"出师未捷身先卒，长使英雄泪沾襟"，谭锡畴一心想为新中国的建设贡献自己的力量，而就在这大有可为的时候，他却与世长辞了，令人惋惜。

谭锡畴，作为我国早期的地质学家之一，为我国的地质事业做了许多开创性的工作，留给后人的遗产也十分丰富，地质学界的同仁们都深深地怀念他。

（于　洸）

谭锡畴简历：

1892年12月28日　生于河北省吴桥县梁集村。

1913年　毕业于保定中学，随后考入农商部地质研究所学习。

1916年夏　毕业于农商部地质研究所，到农商部地质调查所工作，先后任调查员、技师。

1924年　在美国威斯康星州立大学地质系学习，1926年获该校理学硕士学位。

1927年　转入美国约翰·霍普金斯大学学习，获该校地质学硕士学位。

1928年初　回国，任农商部地质调查所技正。。

1931~1936年　兼任北平研究院地质研究所研究员。

1933~1937年　先后任北平师范大学地理系、北洋大学矿冶工程学系、北京大学地质学系教授。

1937年　赴湖南资兴煤矿工作，一度担任矿长。

1938年　任西南联合大学地质地理气象学系教授。

1939~1940年　兼任云南易门铁矿局局长。

1945年　任昆明师范学院博物系系主任，兼任云南大学矿冶系教授。

1950年初　任云南省财政经济委员会委员。

1950年　任西南地质调查所第二地质调查队队长。

1950年11月　任中国地质工作计划指导委员会委员、矿产地质勘探局局长。

1952年6月4日　病逝于北京。

谭锡畴主要著作：

1. 《山东淄川博山煤田地质》，《地质汇报》，1922年。
2. 《黑龙江汤原县鹤岗煤田地质》，《地质汇报》，1924年。
3. 《北京—济南幅地质图（1:100万）及其说明书》，1924年。
4. 《奉天黑山区八道壕煤田地质》，《地质汇报》，1926年。
5. 《北票煤田地质》，《地质汇报》，1926年。
6. 《直隶宣化涿鹿怀来等县地质矿产》，《地质汇报》，1928年。
7. 《黑龙江嫩江流域之地质》，《地质汇报》，1929年。
8. 《南昌至福州沿计划铁路线的沿线地质》，《地质汇报》，1930年。
9. 《热河东部及辽宁西部地质》，《地质汇报》，1931年。
10. 《西康东部地质矿产志略》，《地质汇报》，1931年。
11. 《四川石油概论》，《地质汇报》，1933年。
12. 《四川盐业概论》，《地质汇报》，1933年。
13. 《西康东部地质矿产志略》，《康藏前锋》，1934年。
14. 《四川岩盐及盐水矿床之成因》，《地质论评》，1936年。
15. 《广东紫金县宝山嶂铁矿》，《地质汇报》，1938年。
16. 《广东云浮县铁矿》，《地质汇报》，1938年。
17. 《易门铁矿局地质探矿暨地球物理勘探工作概况》，《资源委员会季刊》，1940年。

18.《云南易门安宁禄丰主要铁矿矿床述要》,《地质论评》,1943年。

19.《云南矿产概况及其在全国所占之地位》,《地质论评》,1947年。

20.《世界工业矿产概论》,《正中书局》,1948年版。

本文参考文献:

1. 孙云铸、王曰伦:《追念中国地质矿产勘探工作者谭锡畴先生》,《地质学报》,1954年第1期。

2. 黄汲清、何绍勋主编:《中国现代地质学家传(第一卷)》,湖南科学技术出版社,1990年版。

3. 中国科学技术协会编:《中国科学技术专家传略·理学编地学卷(1)》,河北教育出版社,1996年版。

4. 北京大学档案馆藏有关西南联合大学的档案。

5. 北京大学地质学系百年历程编委会编:《创立·建设·发展:北京大学地质学系百年历程(1909~2009)》,北京大学出版社,2009年版。

一代大师　千秋风范
——著名地质学家、地貌及第四纪地质学家、地质教育家袁复礼教授

袁复礼，地质学家、地貌及第四纪地质学家、地质教育家，中国地质学会创立会员之一，是我国地貌及第四纪地质学的奠基人之一。他在地质学领域的成就是多方面的：与安特生一起从事仰韶文化的考古研究，在甘肃武威最早发现中国的早石炭纪地层，在西北最早发现大批爬行动物化石。获瑞典皇家科学院授予的"北极星"奖章。从事地质教育60多年，培养了几代地质人才。

袁复礼

袁复礼，1893年12月31日生于北京，祖籍河北省徐水县。九三学社社员。1903年入私塾读书。1908年考入天津南开中学学习，1912年冬毕业。1913年考入清华学校高等科学习。1915年以优异的成绩被保送到美国留学，先后在布朗大学、哥伦比亚大学学习，1918年获哥伦比亚大学地质学学士学位，1920年获该校地质学硕士学位，后继续从事研究。1921年夏，因母亲病重提前回国。1921年10月任农商部地质研究所技师，同年冬在河南渑池县仰韶村参加考古发掘工作。1921年底至1922年初参加中国地质学会的筹备工作。1923年5月至1924年8月在甘肃省做地质调查。1925年至1926年两次赴山西省进行考古调查和发掘。1926年9月任清华学校大学部教授。1927年5月至1932年5月参加中国西北科学考察团，赴西北考察，初为南队队长，后为中方代理团长。西北考察归来后继续任清华大学教授，1932年9月兼任地理学系系主任。1932年11月地理学系改称地学系，任地学系系主任。1937年9月至1946年5月任长沙临时大学、西南联合大学地质地理气象学系教授，1945年11月代理系主任。1946年夏清华大学复员回北平后，继续任地学系教授兼系主任。1950年8月

王　烈　谭锡畴　**袁复礼**　孙云铸　冯景兰　张席禔　王恒升　张印堂
陶绍渊　李宪之　洪　绂　赵九章　钟道铭　林　超　鲍觉民　米　士

农商部地质研究所教员与毕业生合影

清华大学地质学系成立，任该系系主任。1952年夏，全国高等学校院系调整，任北京地质学院教授，后任武汉地质学院北京研究生部教授。

袁复礼曾任中国地质学会评议会评议员、理事会理事、名誉理事，中国地质学会第四纪冰川及第四纪地质专业委员会名誉委员，中国第四纪研究委员会理事，李四光研究会名誉理事长；1950年任国家燃料工业部顾问、河北省第一届各界人民代表会议筹备委员会委员，1951年任河北省第一届政治协商委员会委员，1955年任河北省人民委员会委员；是河北省第一、二、三届人民代表大会代表，第三届全国人民代表大会代表。1983年加入九三学社，1984年任九三学社中央名誉顾问。

1987年5月22日病逝于北京，享年94岁。

一、我国近代考古事业的先驱者之一

袁复礼教授本是一位地质学家，而中国考古史上的几项重大成就都与他有关，被考古学界誉为"中国考古事业的先驱者之一"。1920年秋，在北洋政府农商部任顾问的瑞典学者安特生，派人到河南采集古生物化石时，在渑池县仰韶村向村民买到许多件磨制石器。这引起了安特生的注意，1921年10月27日~12月1日，他亲自来到仰韶村进行田野考古。农商部地质研究所的袁复礼等6人也参与其事。安特生工作很忙,仅到过现场几次,日常的发掘工作由袁复礼主持。通过发掘,他们收集到带土实物十余箱,其中有许多石器、骨器和陶器。陶器中多是粗陶,也有一些素陶,内外都磨得很光滑,外部饰物十分精美,上面有人兽形的盖纽。仰韶村所出土的精致彩陶与磨制石器的共存,是考古界一个崭新的发现。1923年,安特生发表《中国的早期文化》(An Early Chinese Culture)一文,概述了此次考古方法和发掘成果,并比较了仰韶文化与中亚的安诺和特里波列文化的异同。袁复礼将该文择要译为中文,取名《中国远古文化》。袁复礼除参加发掘外,还兼任测量工作,所绘制的《仰韶村遗址地形图》是中国近代考古史上最早的一幅遗址地形图,发表在安特生所著《河南的史前遗址》(1947)一文中,是一份宝贵的科学史料。距今有五千多年历史的仰韶文化遗址的发现,使"中国没有新石器时代文化"的说法不攻自破,揭开了我国史前社会研究的序幕及我国新石器时代考古的第一页,推动了国内的田野考古工作,对人类社会发展史的研究有着重要的意义。此后,考古界在黄河流域发现了仰韶文化遗址千余处。

1924年3月22日至4月11日,袁复礼与安特生到甘肃榆中进行考古调查。4月23日至5月28日,他们又去甘肃洮河流域进行考古调查,并绘制了以辛店墓地为中心的地形图,可惜未能发表,这在科学史上是一项损失。

1925年底至1926年初,袁复礼与清华学校国学研究院李济一起到山西南部的汾河流域考察,发现三处出产彩陶的遗址。1926年9月至12月,他们在山西夏县西阴村进行考古发掘,采集出土文物76箱,并对出土文物采取"三点记载法"和"层叠法"等先进方法进行登录。袁复礼承担其中的发掘和测量两项工作。李济所著的《西阴村史前遗存》(1927)一书,是世界近代考古学史上由中国人发表的第一份考古报告,书中载有袁复礼所著的"图论"和"山西西南部的地形"两篇附录,书中的"深坑地层剖面图"和"掘后地形图"也为他所绘。属于仰韶文化的山西夏县西阴村遗址,是由中国学者自己主持、用现代考古方法发掘的第一处史前遗址,为仰韶文化的研究提供了新的资料,在中国考古学史上占有重要的地位。学者认为它是考古学上中国传统文化与近代科学方法结合较好的一个实例,推动了近代考古学在中国的发展。

二、西北地区科学考察的先驱者之一

1926年末,瑞典著名探险家斯文·赫定(Sven Hedin)再次率团来华,准备独自对我国西北进行综合考察。他与有关部门达成协议,其中有两条苛刻的条件:一是"只容中国派地质学家二人伴行,负责与当地各级官厅接洽,到新疆后立即返北京,由瑞典人接替";二是将来的采集品,"先送瑞典研究,待中国有相当研究机构,再送还"。这一极不平等的协议公布后,引起我国学界反对。北京大学考古学会、历史博物馆、内务部古物陈列所、清华学校国学研究院等十几个学术团体举行了"北京各学术团体联席会议",有20余名代表参加。会议认为,既不能让珍贵文物流失国外,又要与国际科学界进行合作,并决定成立"中国学术团体协会"。会议制订了保护我国文物的六项原则,发表了《反对外人随意采取古物之宣言》,并派代表与瑞方进行协商。袁复礼教授作为北京大学考古学会的代表,多次参加联席会议。在1927年3月19日的第五次会议上,代表们推选古物陈列所所长周肇祥及刘复(半农)、袁复礼、李济四位代表与斯文·赫定逐条研究《中国学术团体协会为组织西北科学考察团事与瑞典国斯文·赫定博士合作办法》。袁复礼兼任谈判翻译,并与李四光、李济两位先生一起将北大教务长徐炳昶等起草的"合作办法"译为英文。这次会谈期间双方争论激烈。周肇祥先生不同意将有关新疆的气象资料在国外发表。当斯文·赫定进行辩解时,袁复礼指出:"以前美国曾有人欲到加拿大去研究气象,加拿大政府就拒绝了,这种事在外国是常有的。"经反复协商,最后,斯文·赫定与中国学术团体协会签订了《组织西北科学考察团合作办法》。《合作办法》规定:中外学者平等参加考察团工作;采集品中,考古部分全部由中国保存,地质学部分由中国保存,经理事会审查后,可赠斯文·赫定副本一套。这次合作开创了以我为主、同国外科学家平等合作进行科学考察的先河。

在考察团中,瑞方团长为斯文·赫定,中方团长由徐炳昶教授担任,中方成员有徐炳昶、袁复礼、詹蕃勋、丁道衡、黄文弼及学生李宪之等十人。1927年5月9日,考察团由北京出发。在由内蒙古至新疆的途中,全团分三路进行考察。袁复礼率领的南分队全由中国团员组成,他们在新疆进行地质调查的区域主要是天山北麓准噶尔盆地南部的阜康、吉木萨尔、奇台至北塔山一带。当时新疆没有地形图,所以团员从地形测绘开始，再进行地质调查和制图，调查该地区的地层、岩石、古生物、构造、矿产、地貌、冰川等。他们先后测制了一幅奇台至北塔山的路线地质图及一幅范围约为150平方千米的1:1万地形图，并测算了天山及天山雪线的高度、天池的深度及东西剖面。袁复礼成为考察天山冰川的第一人。

1928年底，斯文·赫定、徐炳昶离开新疆返回北京，袁复礼任考察团代理团长。他在考察的同时，组织、管理中瑞双方科学家的各项事务，与新疆当局和外国同行都保持融洽的合作关系，赢得了中国学术团体协会理事会及包括斯文·赫定在内的中外团员的尊敬和赞扬。

在进行西北科学考察中，袁复礼的许多工作是开拓性的，收获和贡献是多方面的，对这一地区以后进行地质调查和科学研究具有指导意义和重要参考价值。

袁复礼在野外调查

一是在古脊椎动物化石的发现和研究方面。袁复礼共发现了4个化石点、5个化石层位、10个相当完整的物种（共72个个体）。

1928年9~11月，袁复礼等人在新疆三台的大龙口一带发现了一套晚二叠纪至早三叠纪的淡水湖沉积物，并在晚二叠世地层中找到了二齿兽类的化石，1934年袁复礼和杨钟健把其命名为新疆二齿兽，后修正为新疆吉木萨尔兽。1973年，杨钟健院士的研究生孙艾玲教授在这批考古材料中发现了一种新型的二齿兽类化石，定名为天山二齿兽。考察团团员们在早三叠纪地层中发现了一大批化石，杨钟健、袁复礼和戈定邦等经过研究，认为它们是步氏水龙兽、魏氏水龙兽、袁氏阔口龙和袁氏三台龙。1930年夏，他们在早三叠纪地层中又发现了赫氏水龙兽。这批化石的问世，震惊了当时的古生物学界。因为二齿兽和水龙兽动物群原是南非的特有品种，如今在中国的新疆有所发现，对当时刚刚问世的"大陆漂移说"乃是有力的支持。在《杨钟健回忆录》一书中，有相当一部分篇幅涉及袁复礼教授的这一重大发现。书中说："新疆之水龙兽、二齿兽动物群，与南非同层者十分相似，无一新属，故无疑有密切关系。自此动物群见之于世以后，使一般人对于当时动物之迁徙和彼此之关系，以及对于前冈瓦纳古大陆之见解，均有新的认识。"

1930年10~11月，袁复礼等人在奇台县的晚侏罗纪地层中发掘出一具恐龙化石，杨钟健将它定名为奇台天山龙；1931年7月，在乌鲁木齐南部三叠纪的板岩中发现了一具鱼化石，经袁复礼和戈定邦等商定，命名为乌鲁木齐中华半锥鱼。1932年3月，考察团团员在宁夏与内蒙古交界处的阿拉善地区白垩纪地层中，发现了宁夏结节绘龙。

综上所述，五年中考察团共发现了十种有重要科学意义的古脊椎动物化石。1983年，当袁复礼教授在回忆这段往事时，便自豪地说："如此众多的完整的爬行动物化石，在当时世界各国是很少见的。这一突出的成就大长了中国人的志气，充分证明有古老文化的中华民族在近代科学工作中曾经做出过高水平的贡献。"

二是在地层、地貌、第四纪地质的考察与研究方面。袁复礼等人建立了新疆二叠纪、三叠纪的"石钱滩组"、"大龙口组"、"东红山组"、"烧房沟组"地层单位；在准噶尔盆地东部建立了第四纪沉积年代表，并编绘了一幅地貌图。他们对侏罗纪奇台天山龙产地的地貌特征的记述也给后人留下了宝贵的科学资料；对博格达山北坡和天池冰川地貌的调查、测绘和记述等，是后人研究气候变化的重要参考文献。他们在测绘天山地形图时，修正了当地许多山峰的高度，对后人研究夷平面、新构造运动、积雪厚度等都是很重要的资料。

三是在考古方面的发现。考察团在内蒙古乌拉特中旗境内发现7处细石器、磨制石器及陶器遗址，其中以格齐克较为丰富，共发现石器7000余件；在内蒙古乌拉特后旗境内发现3处遗址，采集到数量众多的细石器及部分磨制石器和陶片；在甘肃四红泥井、民勤三角城等地也发现了石器地点，采集了大量标本；在新疆七角井、东西盐池等地发现细石器地点，在乌鲁木齐附近采集到细石器和陶器等。

四是在矿产方面的发现。1927年8月5日，袁复礼等人途经内蒙古喀托克呼都克时，发现铁矿。1932年4月，他们再次到该地考察，发现它与丁道衡在白云鄂博发现的铁矿近似，便在这里细致地勘探、寻找。1951年，袁复礼提出该处铁矿有进行勘察的必要，还应邀到现场找到当年发现的铁矿，即现今的白云鄂博西矿。

袁复礼等人的采集品先后共运回100余箱，新中国成立前送给农商部地质调查所新生代研究室，新中国成立后分别送给中国科学院古脊椎动物及古人类研究所、中国科学院南京地质古生物研究所、中国社会科学院考古研究所等单位的学者进行研究。为表彰袁复礼在西北科学考察中做出的贡献，瑞典皇家科学院于1934年授予给他一枚"北极星"奖章。在考察的过程中，袁复礼还为当地老百姓做了许多好事。在新疆吉木萨尔县做地质调查时，他为缺水的山村找到了清泉，当地群众为他修了一座"复礼庙"。后来他又帮助炼铁的群众改进技术，使铁产量大大提高，人们又为他建了一座"袁公庙"，以纪念他的功德。

三、从事地质教育六十余年　培养几代地质学家

　　袁复礼先生的教学生涯始于1922年。当年，他在农商部地质研究所任职，应聘到北京高等师范学校兼课，讲授外国地理；1922年至1926年，在北京大学地质学系兼课，讲授地质测量、经济地质学等课程，并于1924年首次开设地文学课。

　　1926年9月，袁复礼受聘清华学校大学部教授。1928年8月，清华学校改名为国立清华大学，1929年9月成立地理学系。1932年5月，袁复礼从西北考察回校后任该系教授，9月任系主任。1932年11月30日，清华大学地理学系改为地学系，分设地质、地理、气象三组，袁复礼任地学系系主任。地理学系改为地学系，要在原有的基础上有很大的充实，袁先生为此付出了很多的辛劳。他四处奔走，筹集资金，添置图书、仪器、标本，聘请著名学者来系任教。经过他的坚持，在全系师生的共同努力下，清华大学地学系的教学设备初具规模，能基本满足教学的需求。在系实验室的标本中，就有袁复礼采自新疆的大量无脊椎和脊椎动物化石，供教学、参观和研究使用。袁复礼除讲授高等地貌学等基础课外，还结合自己在西北的考察资料和见闻，开了中国西北地质地理课，并多次向学生作西北科学考察的学术报告。袁复礼在传授知识的同时，还以满腔的爱国热情和献身地质事业的豪情，激励青年学生热爱地质事业，献身边疆。

　　1937年七七事变后，平、津沦陷，北大、清华、南开三所大学被迫南迁，组成长沙临时大学，袁复礼任地质地理气象学系教授。1937年12月13日南京沦陷，不久武汉又告急，于是三校再迁云南昆明，更名为西南联合大学。去昆明的师生分成两路，一路是200多名学生组成的"湘黔滇旅行团"，以步行为主，同行的有由11位教师组成的辅导团，袁复礼既是成员之一，又是旅行团指导委员会成员。地质地理气象学系有15名学生参加步行，他们栉风沐雨、翻山越岭，经受了体力的考验和意志的磨炼，也学到了许多在书本、课堂上学不到的东西。袁教授和学生们一起，每

天步行30多千米，晚上在阴暗潮湿的农舍睡地铺，中午啃馒头吃咸菜，可他一直都很乐观和精力充沛。在他的指导下，学生们在途中还观察到地质现象和地层剖面。袁复礼向学生们对路线地质记录与标本采集都提出了严格的要求，到昆明后让他们整理出地质旅行报告。他自己也每天画路线地质图。旅行团历时68天，行程达1671千米，终于抵达昆明。这在中国教育史上是一次创举。袁复礼曾风趣地说："年近五十（岁），步行三千（里）。"到昆明后，地质地理气象学系的师生们举办了一次展览，把途中的标本、照片和其他收获品陈列出来。这次旅途让同学们收获了不少，不仅了解了社会，锻炼了意志和体力，而且沿途几乎见到了所有年代的地质剖面，找到不少化石；著名的喀斯特地貌和岩洞，壮观的盘江峡谷和瀑布，都给他们留下了终生难忘的印象，袁老师的身影也永远留在他们的脑海里。

在西南联大期间，袁复礼除长期教授地文学（即地貌学）外，还讲授过普通地质学、构造地质、地质测量、地图投影、制图学、矿床学等多门课程。他学识渊博，讲课内容丰富多彩，平易近人，经常与同学们在一起谈笑风生。给学生印象最深的是他在讲课时，很自然地贯穿了爱国主义、奋发图强的精神，特别是当他讲到西北科学考察团中的中国学者所取得的丰硕成果时，重申外国人能干的事，我们中国人不但能干而且会干得更好，使学生充满了民族自豪感。

1940年7月，日本侵略者攻占法属安南（今越南），云南亦成为抗战前线，西南联大常委会决定在四川叙永建立分校，一年级新生在那里上课。1941年1月10日，叙永分校正式开课，袁复礼讲授普通地质学时，有近百名学生来听课。为了全身心投入工作，他将全家迁到叙永。当年7月分校结束教学任务，他一家才迁回昆明。

抗战胜利后，国民党又挑起了大规模的内战。在中国共产党的领导下，昆明高校开展了反内战争民主的群众运动。袁复礼坚决站在进步学生的一边，罢课活动开始时，有的学生还到教室去上课，他亲自去劝导他们离开教室。有一次，他出校门时，把门的特务了解到他的身份，要他表明对学生罢课的态度。他表示坚决支持，遭到特务的辱骂和恐吓。1945年12月1日上午11时许，特务、暴徒们妄图冲进西南联大校园，有人将一枚手榴弹拉开了引爆线，要往校舍里扔。路过这里的南菁中学年轻老师于再挺身而出，拼命拦阻。手榴弹在他身旁爆炸了，他被炸成重伤。袁复礼正好在场，便跑上去抱住满身是血的于再，结果遭到特务们的毒打。于再因失血过多，经抢救无效，当晚牺牲。当天被特务们杀害的共有4位烈士，造成了震惊中外的一二·一惨案。这次罢课活动通过声讨反动派的罪行，使全国反内战争民主运动出现了新局面。年过半百的袁复礼教授被打坏了腰，在床上躺了数日才能下地活动。

当有学生感谢他对学生运动的支持和对青年的爱护时,他说:"我不过做了一点一个中国人、一个大学教授所应该做的小事,比起学生们出生入死为国家的命运而斗争,差得太多了。"1946年夏,西南联大的使命结束,清华大学复员回北平,袁复礼继续支持地学系学生参加反蒋爱国活动,为投奔解放区的学生保密。

清华大学复员回北平后,袁复礼继续在地学系任教,并兼任系主任。1950年8月,地质学系成立,他任地质学系系主任,担任此职直至1952年全国高校院系调整。他为尽力恢复办学条件、提高办学水平而努力。新中国诞生后,袁复礼拥护党,拥护社会主义,热爱新中国。虽年逾花甲,他仍以饱满的热情积极投入祖国的建设事业。他给海外学生写信,召唤他们回国效力;邀请在国内的学生来清华大学任教。应燃料工业部部长陈郁的要求,他联合北京大学地质学系,积极为新中国培养新型地质人才。

1952年全国高校院系调整时,袁复礼任北京地质学院筹备委员会委员。在筹委会主任、地质部部长李四光的领导下,他积极参加了学院的筹建工作。此后,他已退居二线,由他的学生担任院、系领导。他尽力帮助他们工作,同时在普通教学岗位上为学生讲课,坚持进行科研和培养研究生,默默地奉献,辛勤地耕耘。

袁复礼讲过很多课程,在教学中重视实验室的建设和实地考察,注重培养学生动手解决问题的能力。他一生勤奋好学,积累了许多宝贵的资料,仅矿物岩石卡片就有数千张。他乐于助人,对学生有求必应,解答问题时耐心细致,被师生们誉为"活字典"。他不仅解答来访者提出的问题,还会告诉他们到图书馆什么地方去找哪本书,甚至还能说出在第几页。许多学生在他的启发下,扩大了视野,开阔了思路,学会了治学的方法。他淡泊名利,待人宽厚,处世豁达,气度宏大,不计个人得失,对同事以诚相待,为他们提供资料,与他们交流看法,共同研究工作。20世纪50年代末至60年代,他担任北京地质学院教材编审委员会主任时,认真组织编写、审查书稿,出版了几十册教材。每册教材他都亲自审阅、修改,提出意见,保证了教材的质量。在他的影响下,他有三个子女跨进了北京地质学院的大门,毕业后献身边疆,分别在西藏、新疆、陕西等地做出了成绩。他的家庭被地质学界誉为"地质世家"。

袁复礼的学生中,有30多人成为中国科学院或中国工程院院士,任教授、高级工程师的不计其数,遍布全国各地。他的品德、学识和学风,教育和影响了几代学子。学生们说袁老师"是我从事地质事业的引路人"、"热爱地球科学追求真知的教授"、"淡泊名利宽厚待人的长者"、"八年教诲,终生受益"、"学习希渊师实事求是的科学态度"，"学习袁老师的敬业精神"……

"诲人常恨少，九十何曾老？桃李沐春风，新花胜火红。"这是袁复礼的几十位学生祝贺他从事地质教育工作60年时的献词，表达了学生们对他的崇敬和感激之情。

四、我国地貌学、第四纪地质学、新构造学研究的奠基人

袁复礼在美国留学期间就听过约翰逊（D. W. Johnson）教授关于海岸地貌的讲演。1924年，他在国内高校首次开设地文学课程，后又开设过地形学、地貌学。他在国内最早介绍戴维斯（W. M. Davis）和约翰逊关于地貌发育过程的学说，使我国地质学界的研究者耳目一新。20世纪三四十年代，国内许多地质调查报告最后都介绍地形的发展史，可见当时这一学说的影响之深。1952年，袁复礼首次在国内开设地貌学与第四纪地质学课程；1953年编写我国第一册第四纪地质学教材，并在书中专门论述了新构造研究问题。他培养的学生中，有很多是从事地貌学、第四纪地质学、新构造学研究的。

袁复礼在地文学课中对戴维斯给予了较高的评价，因为戴维斯比较注意地貌的发展，提出了地文期的理论。研究地貌形态及其成因的学科称为地貌学，袁复礼是国内讲授地貌学的第一人。他发现中国一度在地貌研究中多注意地文期的划分，而忽视了对地貌的真正研究，因此发表了《华北地文期研究的评价及今后地貌研究的新方向》一文，提出国内今后应全面加强地貌发展历史的研究。早在西北考察期间，他对新疆、内蒙古地貌及第四纪地质进行了开拓性的研究，从天山顶部至准噶尔盆地划分了13个地貌带，在准噶尔盆地建立了第一个第四纪沉积年代表。在西南联大期间进行的地质考察中，他就注意到河谷地貌及第四纪沉积的研究。1957~1958年，他又发表文章，指出研究河流的发育史，首先要注意河谷地貌的宏观研究，把握河谷内沉积物的成因分析，了解河流阶地与新构造运动的关系。

袁复礼主编的《中国第四纪地质学》作为大学教材，在我国第四纪研究历史中起着承前启后的作用，对我国第四纪地质分区的划分（特别是淮河区的建立）、第四纪下限的概括和今后工作的途径、新构造运动的总结和工作方向、地文期和冰期的划分及与夷平面的关系、深入进行哺乳动物化石的研究、第四纪砂矿在国民经济

发展中占有特殊位置等方面，皆有独到的见解和指导性意见。1955年，苏联专家帕甫林诺夫在北京地质学院主讲第四纪地质学，其中，对中国第四纪地质的内容请袁复礼代为讲授。北京地质学院1961年和1981年出版的《地貌和第四纪地质学》都引用了袁教授主讲的这部分内容。

在《中国第四纪地质学》一书中，袁复礼列举了11项有关新构造运动的表现。1957年参加中国科学院第一次新构造运动座谈会时，他发表了《秦岭以北的新构造运动》一文。文中特别指出，我国西北地区一些黄土堆积区的坍塌和新石器时代的灰坑大规模坍塌的现象是地震作用的结果，并讨论了地震与断层活动的关系。这是在我国运用地质学方法研究古地震现象的先声。1954年，为了解决三门峡水库的水土流失和坝区地质问题，在袁复礼和侯德封的指导下，科学界对三门峡进行了一次多学科的第四纪地质调查研究，把地质、地貌、新构造、矿产、古人类、古脊椎动物、孢粉、古植物学等学科近10位专家组织在一起，共同研究第四纪地质问题。这是中国第四纪地质研究方面的一件盛事。1959年，袁复礼指导研究生和助教编制全国新构造图，首先编绘1∶500万的教学用图，再编绘1∶50万的实际资料图，为国内以后编制更完善的新构造图打下了基础。

五、在地层研究、矿产探寻和工程建设等领域做出贡献

袁复礼教授对国家经济建设的贡献是多方面的，除前面已提到的以外，再摘要记述如下一些。

1923年6月24日至12月6日在甘肃进行地质调查期间，他在地层研究方面有重要发现。一是在平凉城西南10千米的官庄沟发现了奥陶纪含笔石地层，即平凉笔石层。后经葛利普教授研究，该地的笔石有7属12种，其层位相当于华北东部的珠角石层。二是在武威西南35千米的臭牛沟发现了丰富的海相化石，其中有许多新的种属，如袁氏珊瑚（以袁复礼的姓氏命名）、大长身贝等，其时代与西欧的"维宪期"相当，定为"早石炭世臭牛沟组"。这些发现首次确定我国有早石炭纪晚期的地层，为我国南北方石炭纪地层、古生物对比和古地理研究提供了新的资料。

袁复礼于1938年考察湖南省平江、桃源、常德等地的金矿，1939年与苏良赫、任泽雨一起考察云南、西康的金、铁、铜、镍、铅、锌等矿时，分别写出数篇金矿

勘察记和铁矿、锌矿调查报告。他提出的金矿分类被后人采用,对金矿的成因及生成条件的推断在新中国成立后的找矿工作中得到印证。他的学生称"袁复礼先生是研究我国金矿地质的先驱者"。袁复礼等人在德昌、米易发现的铁矿是攀枝花铁矿带的一部分,1943~1944年他们分别对华宁县横格横路铜锌矿,武定、罗次两县境内的铁矿等进行了调查。1952年,袁复礼率领河北省工业厅的工作人员赴冀东勘察铁矿,初步圈定和评价了迁安铁矿,并预言"迁安铁矿是一个很有前途的铁矿"。该矿后来成为首都钢铁厂的矿山基地之一。

1949年,袁复礼将在西北考察编绘的十几幅1:50万新疆地形图交给中国人民解放军总参谋部,供进军新疆使用;1950年8月,将在1946年收集的1:10万朝鲜中部地形图交给有关部门使用;1951年,将收藏的经斯文·赫定修订的全套西藏地形图赠给进藏的工作队使用。

1950年,袁复礼受聘任燃料工业部技术顾问,参与讨论石油、煤矿勘探的原则、重点及工作计划。1954年3月,燃料工业部召开第五次全国石油勘探会议。7月,袁复礼发表了《新疆吉木萨尔县三台以南大龙口及水西沟一带地质、岩层及构造》一文,"以供燃料工业部参考"。文中详述了天山北麓二叠纪、三叠纪、侏罗纪岩层的性质及构造形态,认为二叠纪为生油层,侏罗纪为储油层,并指出探寻石油产地的方向和应注意的问题。经20世纪80年代以来对吉木萨尔地区的详细勘察,证明袁复礼教授五十多年前对该地区的地质认识基本上是正确的。1985年,人们在当年袁复礼做过预测的三台断隆首次发现工业油流,此后在北三台构造也获得工业油流。1989年,北三台油田投入开发;1991年,三台油田投入开发。

袁复礼教授于1923年到甘肃做地质研究时,对煤层地层进行了详细的调查和研究,对臭牛沟煤田、炭山堡煤田、红山窑煤田和李家泉煤田进行了评价。后来他在新疆做科学考察期间,也十分重视与煤田关系密切的中生代地层。他认为:"侏罗纪岩层为分布最广的煤系层,新疆全省产煤地点都属于此纪。"1954年,应当时的燃料工业部陈郁部长的委托,他写了《新疆煤田地质概况和对今后工作的意见》一文。此后,他在新疆对哈密地区重点进行了煤田勘探。后人经过40多年的调查工作,证实在新疆地质历史上有五次聚煤活动,尤以侏罗纪聚煤活动最为强烈,这完全印证了袁复礼当年的预测。到20世纪90年代,新疆煤田的远景储量已跃居全国首位。

1956年,袁复礼参加黄河刘家峡水电站地质工作论证会,是中方技术人员负责人。同年,他赴长江三峡地区进行工程地质考察,任中苏地质专家鉴定委员会中方小组组长,代表中方小组提出总结性意见。1959年,他参加黄河三门峡第四纪地质会议，在会上作了发言。同年，南京长江大桥工程因桥基地质条件复杂、层位混乱，急需解决施工难题，工程负责人前来请教袁复礼。袁教授当即讲解了该处正常地层层序和出现混乱的原因，使问题迎刃而解，南京长江大桥工程得以顺利进行。1964年，袁复礼参加地质部和上海市联合召开的"上海地面沉降水文地质工程地质会议"，他以渊博的第四纪地质学知识，并结合对冰期、间冰期的研究，讲解了上海第四纪地层层位及岩性，并提出五条建议。

1978年以后，袁复礼教授已是年逾八旬的高龄老人，但仍关心国家经济建设，及地质事业、地质教育的发展，培养了许多优秀的研究生。他具有渊博的知识，又有深厚的外文功底，晚年还参与编译了《现代科学技术词典》矿物学部分、《韦氏大辞典》，审校了《英汉常用地质词汇》、《英汉地质词典》等工具书，发表了《新疆准噶尔东部火山岩》等论文，回忆、整理了《三十年代中瑞合作的西北科学考察团》等。真是师道长存，功勋永在！1987年5月22日，他不幸于北京与世长辞。

1993年12月21日，袁复礼教授诞辰一百周年纪念会在中国地质大学隆重举行。纪念会由中国地质大学、中国地质学会等19个单位联合组织。我国地质部门、高等学校及袁老的几代学子150余人参加了会议。会上，大家回忆了袁复礼教授献身地质事业、为人师表的感人史实，平易近人、实事求是、不计名利、团结协作的精神，勇于探索、注重实践、治学严谨的优良学风。后来杨遵仪教授主编的纪念文集《桃李满天下》收入了其中的一些纪念文章、论文及袁老部分未发表的遗作共91篇；《第四纪研究》杂志1993年第4期出版了此次纪念会的专辑；《地球科学——中国地质大学学报》特辟纪念专栏。

（于　洸）

袁复礼简历：

1893年12月31日　生于北京市。

1912年　毕业于天津南开中学。

1913~1915年　在清华学校高等科学习。

1915~1917年　在美国布朗大学学习。

1917~1920年　在美国哥伦比亚大学学习，1918年获学士学位，1920年获硕士学位。

1921年夏　回国任农商部地质研究所技师。

| 王烈 | 谭锡畴 | **袁复礼** | 孙云铸 | 冯景兰 | 张席禔 | 王恒升 | 张印堂 |
| 陶绍渊 | 李宪之 | 洪绂 | 赵九章 | 钟道铭 | 林超 | 鲍觉民 | 米士 |

1926年9月　　任清华学校大学部教授。

1927~1932年　参加中国西北科学考察团，1929年起任中方代理团长。

1932~1937年　任清华大学地学系教授，1932年9月至1934年8月任系主任。

1937~1946年　任长沙临时大学、西南联合大学地质地理气象学系教授。

1946~1950年　任清华大学地学系教授兼系主任。

1950~1952年　任清华大学地质学系教授、系主任。

1952~1987年　任北京地质学院、武汉地质学院北京研究生部教授。

1987年5月22日　在北京病逝。

袁复礼主要著作：

1．《甘肃东部地质略记》，《中国地质学会志》，1925年。

2．《甘肃西北部石炭纪地层》，《中国地质学会志》，1925年。

3．《水龙兽在新疆的发现》，《中国地质学会志》，1934年。

4．《新疆乌鲁木齐南部（十四户）一种鱼化石的发现》，《清华大学科学报告》（丙种），1936年。

5．《新疆古生代晚期与中生代地层的巨大不整合》，《清华大学科学报告》（丙种），1936年。

6．《蒙新五年行程记（上卷）》，《地学杂刊》，1944年。

7．《准噶尔盆地地质（第一部分）》，《清华大学科学报告》（丙种），1948年。

8．《云南横格横路铜锌矿》，《清华大学科学报告》（丙种），1948年。

9．《中国第四纪地质学》，1953年。

10．《新疆吉木萨尔县三台以南大龙口及水西沟一带地质、岩层及构造》，《石油地质》，1955年。

11．《新疆天山北部山前坳陷带及准噶尔盆地陆台地质初步报告》，《地质学报》，1956年。

12．《新疆准噶尔东部地质报告》，《地质学报》，1956年。

13．《中国西南地区第四纪地质的一些资料》，《第四纪地质研究》，1958年。

14．《三门峡第四纪地质和其相关的一些地质问题》，《三门峡第四纪地质会议文集》，1959年。

15．《地貌及第四纪地质学》，中国工业出版社，1961年版。

16．《天山北部中生界兽形类爬行动物化石的发现》，《地球科学》，1981年。

17.《新疆准噶尔东部火山岩》,《地球科学》,1983年。

18.《三十年代中瑞合作的西北科学考察团》,《中国科技史料》,1983年。

本文参考文献:

1. 中国科学技术协会编:《中国科学技术专家传略·理学编地学卷(1)》,河北教育出版社,1996年版。

2. 杨遵仪主编:《桃李满天下——纪念袁复礼教授百年诞辰》,中国地质大学出版社,1993年版。

3. 钱理群,严瑞芳主编:《我的父辈与北京大学》,北京大学出版社,2006年版。

王 烈　谭锡畴　袁复礼　**孙云铸**　冯景兰　张席禔　王恒升　张印堂
陶绍渊　李宪之　洪 绂　赵九章　钟道铭　林 超　鲍觉民　米 士

一 代 宗 师
——著名古生物学家、地质学家、地质教育家孙云铸教授

孙云铸，著名古生物学家、地质学家和地质教育家，我国古生物学和地层学的开拓者和奠基人之一。他所著的《中国北部寒武纪动物化石》是我国学者发表的第一部古生物学专著。他对古生物学和地层学的贡献是多方面的：对许多门类的无脊椎动物化石（特别是三叶虫）、各时代地层（尤其是寒武系）作了开拓性的研究，对地层界线、地史分析方法多有创见。1920～1952年，任北京大学地质学系（含长沙临时大学、西南联合大学地质地理气象学系）教授，其中1937～1952年任系主任，1952～1956年任地质部教育司司长，1960年任地质科学研究院副院长，对我国地质人才的培养做出很大贡献，堪称一代宗师。

孙云铸

孙云铸，字铁仙，江苏高邮人，1895年11月17日出生。九三学社社员。11岁时离家赴南京元宁小学读书。1910年考入江宁府中学堂（后改称江苏省立第一中学）学习，1914年毕业。受"实业救国"、"科学救国"思想的影响，立志学习理工科。19岁时考入北京大学预科，在第二部英文班学习，以甲等成绩于1917年6月毕业，入北洋大学学习采矿专业。1919年2月，转学回北京大学，在地质学系读二年级，1920年6月以优等成绩毕业，留校任教，同时在农商部地质研究所兼职。1920年在北大地质学系的历史上是值得记载的一年。这一年，留学英国伯明翰大学获硕士学位的李四光和美国哥伦比亚大学地史古生物学家葛利普教授同时应聘任北大地质学系教授。孙云铸成为葛利普来华后教学和科研工作的第一位助手。他在两位教授

的指导下从事教学与科研，在古生物学研究方面取得不少的收获。

经葛利普教授推荐，孙云铸于1926年赴德国哈勒大学学习，师从著名地质学家瓦尔特（J. Walther）教授，进行有关三叠纪菊石的形态及功能研究。仅经过一年的时间，他就取得了很好的成果：《壳灰统锯菊石类的口缘和住室》的论文通过答辩，获科学博士学位。随后，他在德、法、比、英、捷、瑞典等国进行野外地质考察，并在英国剑桥大学进行了一段时间的地质研究，与华兹（W. W. Watts）教授及其学生斯塔布菲尔德（C. J. Stabblefield）博士等相互切磋交流。这一段时间的访问、交流，扩展了孙云铸与国际学术界的交往，为他以后的研究工作打下了良好的基础。

孙云铸回国后继续在北大任教，1929年任教授，开设的课程有古生物学、地层学、地史学等；1931年下半年至1934年还兼任清华大学地学系教授；1934~1935年起被聘为北大研究教授；1935~1936学年利用休假之机，再度出国进行短暂考察，主要在波罗的海沿岸的芬兰、瑞典、挪威北部研究地层和构造，并赴美国科迪勒拉山和落基山研究地质，观察了许多典型的地层剖面，了解了国际古生物学界的情况，结识了德国马堡大学卫德肯（R. Wedekind）教授等著名学者，与他们讨论了珊瑚古生物学、生物地层学和地史学的一些理论问题。1937年上半年任中山大学地质学系

孙云铸（中右五）与中国地质事业的奠基人——章鸿钊（前左一）、丁文江（前左二）、翁文灏（前左四）等地质学界前辈及外国学者葛利普（前左三）、德日进（前右一）（1933年）

王　烈　谭锡畴　袁复礼　**孙云铸**　冯景兰　张席禔　王恒升　张印堂
陶绍渊　李宪之　洪　绂　赵九章　钟道铭　林　超　鲍觉民　米　士

客座教授。

1937年7月，抗日战争爆发后，北大南迁湖南长沙，与清华大学、南开大学合组国立长沙临时大学，1938年初再次内迁云南昆明，4月改称国立西南联合大学。孙云铸先后任长沙临时大学、西南联合大学地质地理气象学系系主任。抗战胜利后，西南联合大学完成了历史使命，北京大学迁回北平，孙云铸继续任地质学系系主任。1948年8月25日至9月7日，第18届国际地质大会在英国伦敦举行，孙云铸代表北大出席，并作为北大和中国古生物学会的代表参加同时举行的国际古生物学会会议。中华人民共和国成立后，孙云铸继续在北大地质学系任原职。1952年全国高等学校院系调整时，北京地质学院成立，北京大学地质学系全部调至该院，至此孙云铸离开北大。

1950年10月，我国成立了以李四光为主任委员的全国性地质事业领导机关——地质工作计划指导委员会，孙云铸担任委员。1952年8月，中央人民政府地质部成立，孙云铸任地质部教育司司长。1956年，地质部地质矿产研究所成立，孙云铸任副所长，兼古生物研究室主任。1960年，中国地质科学研究院成立，孙云铸任副院长。

1922年，中国地质学会成立，孙云铸是26位创立会员之一，以后他多次担任该学会书记、理事长。他还曾任中国古生物学会会长、理事长，中国海洋湖沼学会理事长。

1955年，中国科学院成立学部，孙云铸被选聘为生物地学部委员；1957年，该学部分设为生物学部和地学部，孙云铸为地学部委员（后称院士）。

孙云铸对新中国的政治生活表现出很大热情，并做出了积极的贡献，于1950年参加九三学社，从1952年起任九三学社第三、四、五届中央委员。他曾任北京市第一至第四届人民代表大会代表，第三届全国人民代表大会代表，第二、三届全国政协委员。

1979年1月5日，孙云铸在北京逝世，享年84岁。

一、我国古生物学、地层学的开拓者和奠基人

我国近代地质事业与科学研究工作的发端，可以追溯到19世纪中叶，那时，外国地质学家以客卿身份来华调查、采集标本（包括古生物化石），回国经鉴定研究以后，撰文著书，公开发表。20世纪初叶，中国学者开创了自己的地质事业，但早

期多应地质矿产勘察之急需,所采化石多送至国外鉴定。中国学者在国内直接从事古生物学、生物地层学研究,是从李四光、孙云铸开始的;而在此领域内工作时间最长、成果最丰的,则首推孙云铸。

孙云铸治学有三个特点:一是善于把教学与科研结合,做到既出成果,又出人才;二是善于把点上的深入与面上的扩展很好地进行结合;三是善于从总体上把握一门科学的现状、发展趋势及与之相关科学之间的关系。他的科研活动可以分为四个阶段:第一阶段自1920至1927年,第二阶段自1927至1937年,第三阶段自1937年至1949年,第四阶段为1949年以后。

第一阶段从大学毕业至留学德国,这是孙云铸工作的开始。这一阶段他研究的重点,在古生物门类上,以三叶虫为研究重点;在地层上,以下古生界,尤其是寒武系为研究重点,并取得了突破性进展。1923年1月,中国地质学会举行第一届年会,他提交了两篇论文:《开平盆地之上寒武统》、《奉天之上寒武统化石》,均刊登在《中国地质学会志》第二卷第1~2期上。1924年1月,中国地质学会举行第二届年会,他又提交两篇论文,即《开平盆地奥陶纪地层对比》及《直隶临城寒武纪化石》,其摘要刊登在《中国地质学会志》第三卷第1期上。特别要提到的是,孙云铸于1924年出版了《中国北部寒武纪动物化石》,专门论述了中国北方寒武纪地层和三叶虫化石。这是中国学者撰写的第一部公开出版的大型古生物学专著,在中国古生物学发展史上有着划时代的意义。此书是丛刊《中国古生物志》乙种第1号第4册。《中国古生物志》这套大型古生物学专著丛刊在国际上受到高度关注,孙云铸是这套丛刊中的第一位中国作者。《中国北部寒武纪动物化石》得到国内外学者的重视,葛利普教授对此非常高兴,专门著文祝贺,并特意在寓所举行集会庆祝。1925年,孙云铸在《泛美地质学家》第43卷上还发表了论文《中国开平煤盆地晚寒武世动物群》。三年中,发表了这么多研究成果,实属难能可贵。

1926年5月24日至31日,第14届国际地质大会在西班牙首都马德里举行,孙云铸作为中国政府和农商部地质调查所的代表参加会议,并被选为大会的副主席兼地层组主席。他在会上作了《中国的寒武系、奥陶系、志留系》的学术报告,对中国的下古生界作了全面的概括,受到国际学者的重视和好评。该论文刊于《第14届国际地质大会集刊》第2册。

第二阶段从留学归来至抗日战争爆发前。这一阶段,孙云铸以寒武纪地层、三叶虫化石的研究为中心和起点,向纵深方向和横广方向扩展,在古生物门类研究方面,扩展到头足类、笔石、棘皮动物和珊瑚化石,同时注意到古生物和地层的综合

王 烈 谭锡畴 袁复礼 **孙云铸** 冯景兰 张席禔 王恒升 张印堂
陶绍渊 李宪之 洪 绂 赵九章 钟道铭 林 超 鲍觉民 米 士

研究,在地域上扩展到中国南方。

在三叶虫研究方面,孙云铸出版了两本专著,即《中国中部和南部奥陶纪三叶虫》(1931)和《中国北部上寒武统之三叶虫化石》(1935),后者是继李四光教授有关鏟科著作之后最详细的生物地层著作。1937年,孙云铸发表了《湖南泥盆纪之二新三叶虫》,将三叶虫化石的研究扩展到晚古生代。在头足类研究方面,他的博士论文《壳灰统锯菊石类的口缘和住室》,是关于菊石形态的功能分析(即"功能形态学")的古生态理论著作,具有很高的科研水平,德国莱比锡马克斯·韦克出版社于1928年将它出版。不久,孙云铸又在《中国地质学会志》发表了两篇论文,即《湖南中部尖棱角石化石的发现》(1935)和《山东内角石(新属)——中国最古之全壳亚目》(1937),后者在角石以至整个头足类动物起源和演化的研究方面都有重要的意义。在笔石化石研究方面,孙云铸成了我国研究笔石化石的先导。他于1931年发表的《中国的含笔石地层》一文,对我国下古生界含笔石化石地层作了全面的分析与概括,是我国第一篇论述一个门类化石地层分布的论文。这期间,他还出版了两册关于笔石的中国古生物志,即《中国奥陶纪及志留纪之笔石》(1933)和《中国北部下奥陶纪之笔石》(1935),它们都是我国较早的笔石化石研究的专著。在棘皮动物化石研究方面,孙云铸是我国最早研究棘皮动物化石的学者之一,1936年他发表的《芒棘海林檎(*Aristocystis*)化石在中国的发现》一文,是中国学者所写的第一篇关于海林檎纲化石的论文。在珊瑚化石研究方面,孙云铸早年研究横板珊瑚与四射珊瑚,1936年完成的《中国泥盆纪四射珊瑚研究》文稿,由于种种原因,直到1958年才在《中国古生物志·新乙种第8号》上正式发表。在区域地层研究方面,他发表了《河北石门寨下古生代之研究》(与胡伯素合著,1931)、《西山寒武纪地层及化石》(1935)等论文;此外,还发表了《中国研究中国古生物之历史》(1929)、《十五年来中国古生物研究之进展》(1937)等论文,概括了当时中国古生物学研究之成就。

第三阶段从抗日战争爆发至中华人民共和国成立。孙云铸首先立足于古生物学和地层学的基础研究。在古生物研究方面,他发表有:《滇西晚寒武世凤山期三叶虫动物群之发现》(1939)、《广西二叠系顶部菊石类及其在地层上之意义》(1939)、《亚洲多房海林檎(*Camarocrinus asiaticus*)种的地层学与古生物学地位》(与司徒穗卿合著,1947)、《云南西部奥陶纪及志留纪早期海林檎类的发现及其意义》(1948)等。在地层研究方面,他指导进行了云南保山地区区域地层研究和地质制图工作,发表了《云南志留纪地层》(1944)、《云南泥盆纪地层》

（1944）等论文。由于《中国古生代地层之划分》的出版，1942年他获南京政府教育部颁发的自然科学类二等奖。

在此期间，孙云铸发表了一些综合性、总结性和理论性的著作，涉及更广泛的学科和领域，这标志着他的学术成就进入一个新的阶段。他在1943年发表的《就中国古生代地层论划分地史时代之原则》一文，提出以沉积旋回、地壳运动和古生物群组合为划分地质时代的三原则，主张根据对这三原则的综合研究确定地层时代，划分地质时期。"古生物群组合"这一概念的提出，不仅是对传统的"标准化石法"的检讨，而且指出了生物地层学研究的新方向。他于1938年发表的《云南古生代地层问题》、《关于中国寒武纪地层界线问题》，都具有较高的综合性与理论性特点。同年，他在伦敦举行的第18届国际地质大会宣读的论文《太平洋——早古生代生物扩散的主要中心》，是古生物学、地层学、古生物地理学研究的综合的结晶。他的这一论点得到国内外学者普遍的赞同和支持。后来他在丰富的地层古生物学资料的基础上，又开展了大地构造学研究，代表性的成果有1945年发表的《早古生代中缅地槽的范围与特征》一文。

第四阶段为中华人民共和国成立以后。这期间，孙云铸兼有相当繁重的管理工作，但他仍未放松科学研究。他的学术著作相对集中于对各时期地层界线的论述和一些基本地层问题的思考。他首先从各方面论证了寒武系的下界及其内部界线，代表作有《寒武纪下界问题》（1957）、《中国寒武纪地层的划分和对比问题》（1959）、《中国寒武纪地层划分问题》（1961）等。他从事寒武系研究数十年，为中国寒武纪地层学奠定了坚实的基础。他所提出的划分方案，所创立的阶名、组名，后来一直为地质学界所沿用。因此，他享有"孙寒武"的美称。同时，他根据晚泥盆纪晚期乌克曼菊石（*Wocklumeria*）群的发现，论述了中国泥盆—石炭系的分界，即石炭系下界问题，发表了《中国南部石炭系下界》（1965）一文。这是他一生中公开发表的最后一篇论文，是为1964年在巴黎举行的第4届国际石炭纪地层地质大会而写的。

在地层学一般理论上，孙云铸于1951年著文阐述了葛利普教授在19世纪30年代提出的"脉动学说"的意义，还论述过地层学与古生物学的关系。1959年，他著文从古生物群的混生和混合现象讨论中国古生代各系之间的界线问题。1963年，他更从海侵的基本概念出发，讨论古生代各纪生物群的性质及生物地层的分区问题。这些都是更具综合性和理论水平的著作。

孙云铸是我国老一辈的地质和古生物学家，著作宏丰，撰写了专著6部（关于三叶虫的3部，关于笔石的2部，关于珊瑚的1部），论文近百篇。他在古生物学和地层学，特别是在三叶虫、笔石、珊瑚、菊石、海林檎等门类化石的研究，以及寒武纪地层的划分与对比等方面，进行了开拓性的工作，在古生代和中生代海相地层研究方面也取得了突出的成就。他根据三叶虫化石的研究，将寒武系划分为三个统，并对上统进行了阶和带的建立，还确定了寒武系的下界和上界；根据对三叶虫、鹦鹉螺和笔石的综合研究，修正了前人对华北奥陶系的划分，奠定了我国北方奥陶系的分层系统；从滇东和三峡两个标准地点古生物群和沉积相的综合研究中，他提出了我国南方泥盆纪地层系统和统、组划分的意见；根据对菊石的研究，确定了我国南方下石炭系的下界；根据菊石的发现和研究，确定侏罗纪海侵在广东地区的存在，并确定海相侏罗系的下界；根据菊石动物群的变化，初步确定西藏侏罗系和白垩系的分界等。

孙云铸（右一）与助手在三峡新滩龙马溪剖面观察研究地层古生物（1956年）（罗新民提供）

二、地质学界的社会活动家

1922年2月3日，中国地质学会成立，孙云铸积极参与，是26名创立会员之一，后担任过多届理事、常务理事及《中国地质学会志》编辑，并曾几次担任中国地质学会书记（1924、1925、1929、1931~1934、1949~1951）、副会长（1930）、理事长（1943、1952）。1944年4月1日至8日，中国地质学会在贵阳举行第20届年会，作为理事长的孙云铸致开幕词,并发表了题为"云南志留纪及泥盆纪地层"的演讲。第25届中国地质学会北京区年会于1949年12月25~26日在北京大学举行,孙云铸作为大会主席致词,他说:"本届年会是解放后第一届年会,意义特别重大。全国的胜利解放,地质学也进入了一个新的时代。"1953年2月8日,中国地质学会第28届年会在北京举行,理事长孙云铸致开幕词,他指出:"这次年会是在祖国第一个五年计划的开始和中央人民政府地质部成立之后召开的,所以有重大意义。"

每届中国地质学会举行的年会,孙云铸大多提交论文或与会报告。据不完全统计,从1923年至1952年他提交的论文有24篇,如《关于中国寒武纪地层界线问题》(第25届年会)、《从地层学观点论古生物学》(第26届年会)、《中国地质学会30周年回忆》(第27届年会)等。

1938年9月,中国地质学会昆明分会成立,代表们推荐孙云铸等3人为干事,后来孙云铸曾任总干事。昆明分会从成立至1943年,共举行过25次论文报告会,这些报告会对我国地质科学研究起到促进作用。1944年10月14日,昆明八个科学团体举行联合年会,孙云铸宣读的论文是《滇缅古地槽》。1946年4月,中国地质学会北平分会恢复活动,孙云铸等7人被推举为干事。从1954年起,孙云铸曾长期担任北京市地质学会理事长。

1929年,孙云铸倡议成立中国古生物学会。他任首届会长。1947年底,该学会复活大会在南京举行,孙云铸当选为理事、编辑。他分别于1948年、1955年、1961年当选为该学会理事长。1952年,中国海洋湖泊学会成立,他被选为首任理事长。"文化大革命"结束后,中国海洋湖泊学会恢复活动,他当选为名誉理事长。

孙云铸于1948年出席国际古生物学大会时,当选为国际古生物学会副主席,任期至1952年;1958年,被苏联古生物学会选为名誉会员。

孙云铸通过上述学会的活动,为推动我国地质学、古生物学、海洋湖泊学的研究贡献了自己的力量。

三、卓越的地质教育家

孙云铸从事地质教育工作是从1920年开始的。当年,葛利普教授到北大地质学系任教,先后讲授古生物学、地史学、地层学、高等古生物学、高等地层学等课程，担任助教的孙云铸协助他准备教学资料。后来，孙云铸于1921~1922年在北京高等师范学校兼课，1924~1925年在北京师范大学研究班兼课。1920年10月，由杨钟健等学生发起，成立了北京大学地质研究会（后改称北京大学地质学会），这是中国地质学会成立前国内第一个研究地质学的学术团体。葛利普教授非常支持这个组织的活动，多次给会员讲演。该会的《国立北京大学地质学会会刊》从1921年至1931年共出版了5期，每期都有他撰写的文章。葛利普教授的这些讲演和文章，多数都是由孙云铸译成中文的。孙先生自己也给学生作了"古生物学在近代科学上之地位"的讲演，并于1923年刊登在《科学》杂志第8卷第4期上。

1927年孙云铸留学回国后，与葛利普教授共同讲授地史学，并上实习课；另外，葛利普教授还讲授高等地层学，孙云铸上实习课。此外，他自己开设了一门叫"中国标准化石"的课程，这在国内大学地质学系算是首例，后改为"标准化石"。从1929年以后，孙云铸经常开设的课程有古生物学、地史学、地层学、高等古生物学、高等地层学、标准化石、世界地质等，他往往一个学期同时上三四门课，还有二三次课外辅导答疑，工作量是很大的。他还经常带同学们到野外实习。每次实习时，除让学生增长实践知识、锻炼野外工作能力外，他自己在地质上往往也有新的发现。

1937年后，孙云铸先后担任北京大学地质学系系主任，长沙临时大学、西南联合大学地质地理气象学系系主任。抗日战争期间，西南联大的办学条件非常艰苦，他团结全系师生，克服困难，不断前进，做出了巨大贡献。

一是团结协作，博采众长。当时，有许多知名学者在西南联大地质地理气象学系任教，如王烈、袁复礼、冯景兰、张席禔、张印堂、李宪之等教授，孙云铸胸襟开阔，善于与这些同事们团结协作，受到大家的尊重。他自己的专长在古生物学、地层学方面，但非常重视其他学科的协调发展，重视相关学科教授队伍的引进工作。在组织教学时，他继承了北大兼容并包的传统，博采众长，鼓励老师们用自己的风格讲课，使学生们懂得不同学术观点的来龙去脉，让他们通过选修不同方向的课程，为自己的专业方向奠定基础。

二是精心教学，育才有方。在西南联大期间，孙云铸在系里讲授古生物学、地层学、地史学、中国地质（区域地质）、标准化石等课程。当时，学校原有的图书资料未能从北京运到昆明，大部分课程没有参考书。而孙云铸将自己于1937年上半年在中山大学讲学时带去广州的书籍全部运至昆明，所以他讲的古生物学和地层学成了全系具有参考书最多的两门课程。他讲课时，总是带着一大包书，其中有大本的《中国古生物志》、厚厚的外国名著等,讲台上摆满了他采集来的化石和地层标本。他讲某物,便指某书,展某图。讲某种三叶虫化石时,他便将该三叶虫化石的标本给同学传着观察,然后将它的特征简明扼要地写在黑板上,使同学们一目了然。这种先观察后解释的教学方法颇具启发性。在讲解三叶虫化石研究时,他常结合某些学者的有关论文要点进行评述,引导学生深入思考。孙云铸多次出国留学、考察,见多识广,认识许多国外著名地质学家。他喜欢介绍这些学者的学术经历,使学生能受到前辈们的治学风格的熏陶,学到科学的工作方法和思维方法。地层学、古生物学两门课程相对说是比较枯燥的,孙云铸在教学中既注重讲授基础知识,又注重把学生的思维引向广博和专精。他循序渐进、由浅入深、左右贯通、旁征博引的教学方式,获得学生们的好评,使学生们对这两门课程产生了浓厚兴趣。他的不少学生后来成为知名的古生物学家。

三是坚持野外实践,重视学生能力的培养。无论是担任北大地质学系系主任,还是担任西南联大地质地理气象学系系主任,孙云铸都对野外实习和实践环节很重视。他将全系的各种课程都安排在星期一至星期五,星期六及星期日多组织大家在学校附近进行野外实习。系里规定,地质测量为必修课,并将训练地质测量的基本功作为低年级学生野外实习的主要内容,若学生野外实习不及格,便不能写毕业论文。他要求学生在四年级期间用充足的时间写毕业论文,如填绘好工作区域的地质图,要特别注意地层的确定、构造的识别及矿产的分布情况。为了安排好学生赴野外实习,他亲自找上级有关部门及地方政府,以取得支持,解决资金困难。他经常告诉学生们,只有通过实践,才能获得真知灼见。他亲临野外现场教学,检查学生的野外工作情况,验收论文成果。他安排大家采集标本,然后组织青年教师和学生进行鉴定。在西南联大工作的短短几年期间,他组织大家系统地搜集到以西南地区为中心的区域地层和古生物标本,不但解决了当时教学上的急迫需要,也提高了广大师生的工作和学习能力。通过系统的野外实习,他的学生们深切地认识到实践在地质工作中的重要地位,并将这一优良传统传承下来。

四是创造条件,开展科学研究。在西南联大期间,教师的研究工作是结合西南,特别是云南的建设和矿产工作进行的。1938年,当局成立西南经济调查合作委员会,聘请了西南联大七位教授参加,孙云铸是其中之一。1942年,地质地理气象学系与云南省建设厅合作,成立云南地质矿产调查委员会,孙教授兼任主任委员。1943~1944学年,他担任大理等五县地质调查队队长;1944~1945年,任横断山脉(保山地区)地质调查队队长。当时,西南联大地质地理气象学系与建设、矿业部门合作，开展了许多调查工作，如对易门铁矿、一平浪煤矿、个旧锡矿、东川铜矿、滇中铁矿、富源锑矿、叙昆铁路及滇缅铁路沿线进行地质调查等。师生们对云南的地层及构造作过大量的调查和研究，对当地的煤、铁、铜、锡、铅、汞、磷等矿产，都有新的发现。教师们发表了许多论文；学生的毕业论文也取得不错的成绩，其中有20人获得中国地质学会颁发的"学生奖学金"。

五是事无巨细，关心青年教师和学生。孙云铸十分关心青年教师的成长，除具体指导一些教师进行古生物学和地层学方面的研究外，还尽量向上级争取让他们能获得更多野外工作的机会，丰富野外工作经验。在当时恶性通货膨胀的情况下，只靠学校的经费是不可能进行较长时间、远途的野外考察的。孙老师经过多方联系，才解决了这个问题。如果哪位教师因工作需要在系里留守，他必定另找机会安排考察。他还想方设法安排年轻教师出国进修。他不仅在教与学方面关心青年学子的成长，而且在日常生活中也给予他们无微不至的关心。一个学生毕业后考取研究生，孙云铸希望他学地层或古生物专业，但这名学生希望把物理、化学知识用于岩石、矿物学研究方面。孙老师不以为憾，仍然关心他的学习，并安排他师从另一位教授学习X射线结晶学。有一位研究生经济很困难，孙老师介绍他到南菁中学兼课，以补贴生活之需。当时，学生们完成学业后，就业也是一个问题，找工作不容易，特别是做地质工作。孙老师很关心这个问题。1942届地质地理气象学系毕业生有20多人，经孙老师多方奔走，他们都得到妥善安排，而且绝大多数都是从事地质工作。其中的五位后来当选为中国科学院院士，一位当选为中国工程院院士。

1946年5月，北京大学复员回北平，孙云铸仍任地质学系主任，着手全系的恢复和重建工作：一方面延聘教员，一方面重建实验室。全系仍分为地质古生物组、岩石矿物组，除按原计划培养学生外，还增设了一些新课程，如X射线结晶学、古植物学、人类古生物学和中国地质问题讨论等。系里的科学研究工作仍很活跃，附设在系里的地质研究所分为三组，即地质组、矿物组、新生代组，主要是对云南的地质、地层古生物材料、禄丰龙，华南更新世洞穴堆积中的动物群、部分花岗岩，以及华北的大型构造等进行研究。

新中国成立后，孙云铸教授继续担任北大地质学系系主任。随着经济建设的大规模开展，全国急需大量的地质人才。从1949年至1951年，根据国家安排，北大地质学系的招生人数逐年增加；有关部门还纷纷来委托代培学生。孙云铸急国家之所急，对下达和委托的任务，无不勉力承担。地质学系的学生人数从1948学年的75人增至1951学年的160余人。在孙老师的带领下，全系同志团结一致，以有限的条件，保证了超负荷任务的顺利完成，培养出新中国第一批地质人才。1952年，全国高等学校进行院系调整，专门培养地质人才的北京地质学院成立了，北京大学的地质学系全部并入该院。孙云铸教授于是从此离开北大。

1952年9月，中央人民政府地质部成立，孙云铸出任该部第一任教育司司长，他全身心地投入这一新的使命。"一五"计划时期，新中国创办了一批高等地质学校，孙云铸亲自参与、策划和领导了北京地质学院、东北地质学院、成都地质学院及10所中等地质学校的创建工作。他十分重视这些学校的教学基本建设和改革。1953年7月，他组织召开了地质部第一次教育工作会议。这次会议除有地质部部属院校的代表参加外，还邀请了南京大学、西北大学、重庆大学三所综合性大学的地质学系以及中国矿业学院、中南矿冶学院、淮南煤矿专科学校等校的代表。孙云铸作主题报告，题目是"关于教学改革的几个问题"。他指出了当时国内全盘照搬苏联经验，将教学计划定得过高、要求过急，学生难以消化等问题；倡导推进教学改革，修订教学计划，压缩学时，修订教学大纲，加大教材建设和师资培养的力度等。后来他亲自参与编写了《普通地质学》和《地层古生物学》这两册中等专业学校的教材，以及一些高等学校的教学参考书。在担任司长的四年中，孙云铸胸怀全局，精心策划，为新中国地质教育事业的发展奠定了基础，为新中国成立初期大批急需的地质人才的培养建立了不朽的功绩。

1952年暑假以后，孙云铸虽然离开了北大，但仍十分关注该校新成立的地质地理学系（当时该系只有自然地理学专业）。为在北大重建地质学专业，他奔波于地质部、高等教育部和北大之间。在他的努力下，1955年夏，北大地质地理学系增设地质学专业。1959年以后，他还为该专业的古生物地层专门化四年级学生讲授"古生物专门章节：三叶虫"课程，深受学生欢迎。对北京大学地质地理学系举行的学术会议，他多次光临指导；对北大地质地理学系的建设和发展，他不时提出指导性意见。1960年在北大地质地理学系演说时，他把育人方针总结为"严、选、放、行"四字要诀，即"严格要求，善选尖子，大胆放手，躬行实践"，这是他几十年育人经验的概括。1960年后，他任中国地质科学研究院副院长，在该院直接带出了许多优秀的地层古生物学方面的人才。

孙云铸教授是一位受人尊敬的地质教育家，仅在北大就有36届学生听过他的课；从1937年至1952年，一直担任北大地质学系（含长沙临时大学和西南联合大学地质地理气象学系）系主任达15年之久，是北大地质学系任职最长的一位系主任。从1920年担任教师起，至1960年离开地质部教育司，他从事地质教育工作达40年，对我国地质教育事业的发展和地质人才的培养做出了卓有成效的贡献。他数十年如一日，严谨治学，诲人不倦，凡接受过他教诲的学生都对他终生不忘，我国很多现代著名地质学家都受教于他。听过他课的北大地质学系及长沙临时大学、西南联大地质方面的毕业生中，后来有44位成为中国科学院院士，2位当选中国工程院院士；清华大学、中山大学、北京师范大学等校许多学生都听过他的课，中国地质科学研究院和许多地质部门的工作人员也受过他的指导。他可谓桃李满华夏，人们都习惯地尊称他为"孙老师"。

孙云铸不愧是我国地层和古生物学界的一代宗师、地质学界的一位良师长者，一位影响深远的地质教育家、新中国地质教育事业的开拓者之一。

（于 洸）

孙云铸简历：

1895年11月17日　生于江苏省高邮县（市）。

1906年　入南京元宁小学读书。

1910年　入江宁府中学堂读书（民国时改称江苏省立第一中学）。

1914年夏　考入北京大学预科。

1917年秋　入天津北洋大学本科学习采矿专业。

1919年2月　转入北京大学地质学系学习。

1920年夏　在北京大学地质学系任助教，同时在农商部地质研究所兼职（至1933年）。

1926年　留学德国。

1927年　在德国哈勒大学获科学博士学位。

1929年　任北京大学地质学系教授。

1935年　赴欧美考察。

1937年　任中山大学客座教授。

1937~1952年　先后任北京大学地质学系主任，长沙临时大学、西南联合大学地质地理气象学系主任。

1948年　当选为国际古生物学会副会长。

1950年　任中国地质工作计划指导委员会委员。

1950年　加入九三学社。

1952~1956年　任地质部教育司司长。

1955年　任中国科学院生物地学部委员，后为地学部委员（院士）。

1956年　任地质部地质矿产研究所副所长，兼古生物研究室主任。

1959年　任全国地层委员会委员。

1960年　任中国地质科学研究院副院长。

1979年1月5日　在北京病逝。

孙云铸主要著作：

1. Contributions to the Cambrian Fauna of North China, Pal. Sinica.Ser. B. 1924.

2. 《十五年来中国古生物学研究之进展》，《中山大学地质学会会志》，1937年。

3. 《云南古生代地层问题》，《地质论评》，1947年。

4. 《关于中国寒武纪地层界线问题》，《中央研究院地质研究所丛刊》，1948年。

5. 《葛氏脉动说的意义》，《海洋湖沼学报》，1951年。

6. 《纪念中国地质事业创始人章鸿钊先生》，《地质学报》，1954年。

7. 《古生物地史学》，地质出版社，1955年版。

8. 《寒武纪下界问题》，《地质学报》，1957年。

9. 《论寒武纪下界》，《地质论评》，1957年。

10. 《建国九年来地层学方面的伟大成就》，《地质论评》，1958年。

11. 《十年来中国地层学的进展》，《地质论评》，1959年。

12. 《中国寒武纪地层的划分和对比问题》，《地质论评》，1959年。

13. 《从生物混合群组合论中国古生代各系间的界线》，《地质论评》，1959年。

14. 《南岭粤中区里阿斯统地层的划分和对比》，《古生物学报》，1960年。

15. 《中国寒武纪地层划分问题》，《地质学报》，1961年。

16. 《海侵的基本概念和问题》，《地质学报》，1963年。

17. 《黔南晚泥盆世后期乌克曼菊石（Wocklumeria）层的菊石群及其地层意义》，《地质科学研究院论文集》（乙种），1965年。

18. 《中国南部石炭系下界》，科学出版社，1965年版。

本文参考文献：

1. 中国科学技术协会编：《中国科学技术专家传略·理学编地学卷（1）》，

河北教育出版社，1996年版。

2. 王鸿祯主编：《中国地质学科发展的回顾——孙云铸教授百年诞辰纪念文集》，中国地质大学出版社，1995年版。

3. 江苏文史资料编辑部：《一代宗师——孙云铸教授纪念专辑》，1995年。

4. 萧超然主编：《巍巍上庠 百年星辰——名人与北大》，北京大学出版社，1998年版。

足迹遍神州　桃李满天下
——著名矿床学家、地貌学家、地质教育家冯景兰教授

冯景兰，著名矿床学家、地貌学家、地质教育家。在两广地质矿产、川康滇铜矿地质、豫西砂矿地质等调查研究方面，进行了大量开创性的工作，在矿床共生、成矿控制及成矿规律研究方面贡献尤大，提出了"封闭成矿学说"，是我国高等学校教材《矿床学原理》的两位主编之一，是我国近代矿床学的奠基者之一。在黄河与黑龙江流域新构造运动和水利建设等方面，进行过大量开创性的工作。提出"丹霞地貌"的概念，在地貌学上有所建树。从事地质教育50多年，善教学，重实践，培养了几代地质人才。

冯景兰

冯景兰，字淮西、怀西，1898年3月9日出生于河南省唐河县祁仪镇；自幼丧父，家境不宽裕，但母教甚严。儿时在家乡读私塾，后就读于县城小学。1913年入开封河南省立第二中学学习。1916年考入北京大学预科。在母亲的影响下，自幼立志探究学问，开发地下资源，振兴中华。1918年考取公费赴美国留学，入科罗拉多矿业学院学习矿山地质，1921年毕业。同年，考入哥伦比亚大学研究院，攻读矿床学、岩石学和地文学，1923年获硕士学位。当年回国，任教于河南中州大学，讲授地质学。不久升任教授，并任地质学系系主任。除教学工作外，他还就开封附近的沙丘分布及成因进行了研究，从此与黄河治理和开发结下不解之缘。

1927年，冯景兰任两广地质调查所技正。后来的三年间，他做了以下工作：一是先后调查了广九铁路沿线地质、粤北地质矿产、粤汉铁路广州至韶关段地质矿产；二是以柳州为中心，对迁江合山、罗城县寺门等地的煤矿进行了研究；三是对

王 烈　谭锡畴　袁复礼　孙云铸　**冯景兰**　张席禔　王恒升　张印堂
陶绍渊　李宪之　洪 绂　赵九章　钟道铭　林 超　鲍觉民　米 士

桂林、义宁等14个县区进行调查，详细研究了当地的地层、构造和矿产情况；四是对龙山系地层的归属及该区煤矿、银矿、锑矿等进行评价。在上述调查研究的基础上，冯景兰对两广的地质、地层及矿产等方面均有论文发表。1929年，他出席在印尼爪哇特维亚(今雅加达)举行的第四届泛太平洋科学讨论会，宣读了这些论文。回国后，他又著文把国外对火山岩研究的进展情况向国内同行作了介绍。

1929年，冯景兰任北洋大学矿冶工程系教授，主要讲授矿物学、岩石学、矿床学和普通地质学等课程，并在清华大学兼课。期间，他就辽宁沈海铁路沿线的地质、昌平金矿、宣龙铁矿、陕北地质等方面做了研究，并编著了《探矿》一书，该书于1933年初版，1934年再版，发行甚广。

1933年，冯景兰任清华大学地学系教授，次年9月任该系系主任(初为代理系主任)，并兼讲授矿床学、矿物学和岩石学等课程。期间，他先后调查了河北平原，山西大同，山东招远与栖霞的金矿以及泰山等地的地质情况。

1937~1946年，冯景兰先后任长沙临时大学、西南联合大学地质地理气象学系教授；1937~1945年，还同时担任云南大学工学院院长兼采矿系主任。在这近十年的时间内，他主要研究四川、西康、云南三省的铜矿分布情况，1942年完成《川康滇铜矿纪要》一书，书中对上述三省的铜矿富化问题做了研究。1946年5月，西南联合大学结束使命，北大、清华、南开三校分别返回原驻地，冯景兰也回到清华大学地学系任教。

1952年，全国高等学校院系调整时，在北京新建一所专门培养地质人才的地质学院，清华大学地质学系全部调至该院。冯景兰从此任北京地质学院教授。

中华人民共和国成立后，冯景兰积极投入新中国的建设事业中。1949年11月，他应燃料工业部的邀请，调查江西鄱（阳）乐（平）煤田；1950年3月，应水利部邀请，他参加豫西黄河坝址的地质勘察，并提出把三门峡作为坝址的意见；同年7月，应河南省人民政府的邀请，与张伯声教授等进行豫西地质及矿产调查，为随后在这个地区进行大规模地质勘察和资源开发奠定了良好基础。1951年6月，他被任命为中国地质工作计划指导委员会委员，参与新中国地质工作的全面规划；1954年被聘为黄河规划委员会地质组组长，并参加编写了《黄河综合利用规划技术调查报告》一书中的地质部分内容。

1956~1958年，冯景兰参加中苏合作黑龙江综合考察队，为中方负责人。1957年赴苏联参加中苏黑龙江综合考察会议，两国专家共同研究黑龙江流域的开发规划；同年被聘为中国科学院学部委员（后称院士）。

20世纪50年代，冯景兰对吉林天宝山铜铅矿、辽宁兴城县夹山铜矿、甘肃白银厂铜矿等进行了勘察，对我国主要有色金属矿床的地质特征和成因作了分析研究。60年代初期，冯景兰的学术活动主要集中于金、铜等金属矿床的成因理论及区域成矿规律方面的研究，先后在北京市平谷、冀东、鄂东、豫西、赣北等地进行矿床地质调查。1963年9月，他根据多年的调查结果，提出"封闭成矿"的概念；同年10月，又发表《关于成矿控制及成矿规律的几个重要问题的初步探讨》一文。1965年，他与袁见齐共同主编的《矿床学原理》出版；1972年，他有9篇译文刊载在《岩浆矿床论文集》中。

1976年9月29日，冯景兰因心脏病猝发，与世长辞，享年78岁。

一、我国近代矿床学的奠基者之一

冯景兰幼时偶得一块湖北大冶的铁矿石，如获至宝，由此对大自然的兴趣更加浓厚，因而留学时研读地质学、矿床学等，1923年学成回国后，便一直从事地质矿产的教学与科研工作。他一生中著述百余篇，其中，用英文写作的约20篇；涉及区域地质矿产的有19篇，矿床地质方面的有35篇，铁路沿线地质的有5篇，水文地质和工程地质的有15篇，地文学和新构造运动的有5篇，教材有5种；另外还有在国际学术会议发表的论文与译著等。他于1923年发表的《宣龙式赤铁矿鲕状构造及肾状构造之成因》一文，在详细的实地观测资料的基础上，就矿物的共生关系、矿石化学成分和矿石构造状况等进行分析研究，提出了有关宣龙式赤铁矿沉积环境和过程的看法。其在研究的详细程度和全面性上受到当时学界的普遍称赞。冯景兰对金矿的地质研究颇为重视，著有《昌平县黑山寨分水岭金矿》（1929）和《山东招远金矿纪略》（1936）。1937年，他通过对地质、地文等特征的研究，提出要注意研究山东栖霞县唐山火山岩流下的沙金，这个观点在当时是很新颖的。

抗日战争期间，冯景兰致力于川、康、滇等省的铜矿地质等工作，以支持抗战。他在1939年时写的题为《西康探矿》的一首诗，表达了自己在野外工作时的情怀："探矿南来千百里，晨霜满地秋风起。相岭白雪开玉树，清溪黄尘染征衣。爱妻娇子寄滇南，荒原衰草忆冀北。何时找到斑岩铜？富国裕民壮军旅。"

这一时期冯景兰在野外进行地质矿床的调查工作有很多：1938年，调查云南省

地球奥秘的探索者

王 烈　谭锡畴　袁复礼　孙云铸　**冯景兰**　张席禔　王恒升　张印堂
陶绍渊　李宪之　洪 绂　赵九章　钟道铭　林 超　鲍觉民　米 士

永胜地区铜矿；1939年，调查西康荥经铜矿和四川彭县铜矿；1940年，调查西康东部和四川东部各个矿床；1942年，调查云南东川、落雪、因民、汤丹、白锡蜡、路南铜矿等。每次调查他都写有报告，论述当地的地质、矿床及矿业情况。1942年，他完成了专著《川康滇铜矿纪要》，"序言"写道："《川康滇铜矿纪要》一书，系统论述四年来野外观测之结果，关于西南铜矿之地理分布、造矿时期、母岩、围岩、产状、构造及矿物成分等，均略作分析，以推论其成因，并估计其储量，研究其产量多寡、矿业盛衰之原因及其将来发展之可能途径……""全书对于川康滇15处主要铜矿之交通、地质、矿床、矿业等都有较详之叙述……"该书1942年获当时的教育部自然科学类三等奖。在大量野外调查的基础上，冯景兰继以室内研究，著有《康滇铜矿之表生富化问题》（1947），叙述了西南三省铜矿之表生富化现象及其形成的地质地理条件。除铜矿研究外，他还做了不少综合性的地质矿产调查工作：1941年，调查了西康会理天宝山铅锌矿和滇缅公路西段保山、昌宁、顺宁、蒙化的地质及矿产；1942年，调查云南路南县的地质矿产分布情况；1944年，调查云南滇缅铁路沿线的地质；1945年，调查云南玉溪县地质矿产和云南呈贡县地质等。在这些调查的基础上，他著有《路南县地质矿产报告》（1943）、《云南呈贡县地质》（1945）、《云南玉溪地质矿产》（1947）等；并专门撰文讨论川、康、滇铜业的将来，云南之造矿时期及矿产区域、地质矿产及矿业，分析研究了云南成矿的地质背景，以及云南铜、铁、金、锡、银、铅、锌、汞、铋、钴、铝、磷、煤、石油、膏盐和水资源的成因、产状和分布。

1949年11月，应燃料工业部的邀请，冯景兰调查江西鄱（阳）乐（平）煤田。他亲临鸣山、洪门口、桥头丘、钟家山、竹山里和蔓翠诸区进行调查，对当地煤田地质、煤质、储量及煤田的探采问题，均作了评价与论述。鉴于当时国家对石油的需要，他还探讨了利用鄱乐煤炼油的可能性。

20世纪50年代初期，冯景兰和张伯声等人应河南省人民政府之邀，对豫西的地质矿产进行勘察。通过野外考察与研究，他们肯定了河南平顶山煤矿和巩县铝土矿的经济价值。后来的事实证实了他们的预测，上述两矿是大型甚至是特大型矿床。

20世纪60年代，由于长期的经验积累和知识深化，冯景兰在许多场合对矿床地质理论提出不少新颖的见解。1963年9月，冯景兰提出"封闭成矿"的概念。他认为："成矿涉及物质运移和物质封闭聚积。'成矿封闭'就是指矿质和有用元素聚积成矿起决定性的地质条件而言。封闭成矿的概念是受石油地质学中'油捕'概念的启迪而转引过来的……金属与非金属矿床是固体，但在形成矿床之时，矿质是以气、液的状态搬运、沉淀、富集的，它们是流体，为什么不可以采用封闭成矿的概念？""我这种封闭成矿概念的形成，远在四年前。1959年，我调查燕山某地金矿时，见到一个剖面，上为串岭沟页岩和长城石英岩，下有隐伏的花岗岩体，含金石英脉沿石英岩的张节理裂隙生成，而在页岩下面富集。这里一处一人一天采出百斤矿砂，回家淘洗得四十八两六钱黄金，所以现在该矿坑就名为四十八两六。这显见是一种封闭成矿的关系……矿床的形成，必然是要富集，不能分散。"他还结合赣东北铅锌矿床和河北兴隆寿王坟铜矿床等，对封闭成矿作了分析讨论。冯景兰早在20世纪60年代提出的封闭成矿和矿床定位课题，在七八十年代才成为国际学术界的热门课题。

1963年10月，冯景兰发表重要论文《关于成矿控制及成矿规律的几个重要问题的初步探讨》，该文指出："所谓成矿规律，就是矿床形成的空间关系、时间关系、物质共生关系及内生成因关系的总和。因此，从空间来说，它可以表现为地理上的分布规律(成矿区域)；从时间来说，它可以表现为地史上的分布规律(成矿时期)；从矿质的分散聚集来说，它还可以表现为矿床、矿体及富矿体的形成及分布规律和矿种及矿床的共生规律。"该文所指的"成矿控制"，就是指控制成矿的条件及其所发生的控制成矿的作用。文章结合中国地质的实际，系统地分析了成矿的构造控制问题、岩浆控制问题、围岩控制问题、地层控制问题和次生富集控制问题；论述了由于这些条件的综合控制或单独控制的结果，表现为五个主要方面的成矿规律：带状分布规律，成矿时代规律，成矿区域规律，富矿体的形成及分布规律，矿种的共生和矿床类型的共生规律。他认为："单一的矿床和单纯的矿床类型的存在，可能只是少数，而多数矿区的矿床，经常是复杂的共生体。""掌握了这种共生的规律，对于找矿勘探、综合评价及综合利用来说，不会是迷失方向，而会是明确方向；不是不利，而是更有利。"他的这些认识得到同行们的称赞。

冯景兰、袁见齐主编的《矿床学原理》(修订本)于1965年出版，该书作为我国高等学校的试用教材。关于金属矿床氧化带的问题，美国的教科书把它作为成矿后的变化，放在各种类型矿床之后另章加以讨论；苏联的教学大纲则把它作为风化矿床的一种来讨论。《矿床学原理》对此内容该如何取舍？冯景兰在对我国铜矿床的研究中，肯定了中国硫化物矿床次生富集作用的意义，经过与他人讨论，他决定将"硫化物矿床的表生变化及表生富集作用"单独列为一章，放在各种矿床成因类型之后。这一章由他亲自执笔，阐述了"硫化物矿床的氧化和次生富化"、"各种主要金属矿床的氧化和次生富化"、"用于评价勘探和普查硫化物矿床的氧化带特征"三个重要问题，颇有新意，也很实用。他在审阅《矿床学原理》原稿前半部分章节时，逐字逐句地斟酌、修改，连标点符号也不放过。这种认真负责、一丝不苟的精神使同事们深受感动。

二、对我国水利建设做出重要贡献

冯景兰一直注重地貌学的研究，关注祖国的水力和水利开发。20世纪20年代，他就发表《开封沙丘的分布和起因》(1923)、《开封附近沙丘堆之成因分布与风力水力风向水向之关系》(1926)等文，探讨黄河岸边沉积物的成因等问题。1927年，他在广东曲江、仁化、始兴、南雄一带进行考察，对粤北的地形、地层、构造及矿产进行研究，发现粤北第三纪红色砂砾岩层广泛出露地表，在仁化县丹霞山发育最完全，便将这一地层称为"丹霞层"。该地层厚300~500米，起伏平缓，经风化剥蚀后呈悬崖峭壁、奇峰林立，构成奇特的景观，遂被命名为"丹霞地形"或"丹霞地貌"。这种命名至今仍为中外学者沿用。2010年8月2日，"中国丹霞"在第34届世界遗产大会上被列入《世界遗产名录》。

1941年，冯景兰发表《中国水系的不对称特点》一文，论述淮河、海河、辽河、塔里木河、西江、扬子江各水系的不对称特点，并分析了其中的原因。1946年，他发表《云南大理县之地文》一文，认为大理县境及其附近可分为11个地文区域；这些区域存在着分水岭迁移及改流的现象，当地可以利用地文的特点，自甸头开渠，开发水力和水利。

1950年3月，冯景兰应水利部之邀，参加豫西黄河坝址的地质考察，调查了三门峡、八里胡同、小浪底和王家滩等备选坝址的地质情况，写出《黄河陕县孟津间坝址地质勘探初步结论》、《豫西黄河坝址地质勘测报告》、《黄河陕孟段坝基工程地质》等论文。这些文章可说是治理黄河工程地质基础方面的力作。冯先生提出，三门峡地质条件最好，可优先作为坝址。

1953年，冯景兰发表《黄河的特点和问题》一文，提出"治河必先知河"，应当科学地、充分地了解黄河的基本特点，结合科学知识的探讨和实际工程的应用，才能把历史上对人民闯祸的黄河改变为为人民造福的黄河。他作为黄河规划委员会地质组组长，对黄河水利枢纽建设的复杂性及其必须考虑的天然条件，以及编制河流规划地质报告应注意的问题一一作了论述。他参加并编写了《黄河综合利用规划技术调查报告》一书中的地质部分。这部分内容又分两个小部分内容：第一部分是"黄河流域地质及水文地质概况"，共九章，对黄河水系的特点，以及黄河流域地层的特点、岩石、构造、地史及地震、地形及现代动力地质作用、水文地质条件、矿产、工程地质分区等问题作了详尽的论述。第二部分是"黄河干流及支流各库址及坝址地质概况"，共十二章，讨论了李家峡、刘家峡等十余处库址及坝址的地质特征。冯景兰特别指出，黄河上中游的水土保持工作必须大规模地、积极地推进，否则像三门峡这样巨大的库容，也能在蓄水后数十年内全部或大部被泥沙淤满，而失去应用的效益。

1956~1958年，冯景兰参加中苏合作黑龙江综合考察工作，调查了黑龙江水系的地质背景、水系特点和问题，以及额尔古纳河的11处坝址和黑龙江中上游的13处坝址的地质特点，并研究了黑龙江流域内的矿产资源、黑龙江水系地区的湿地和新构造运动等内容。1957年，他赴苏联参加中苏黑龙江综合考察会议；次年发表了《关于黑龙江流域综合开发的几个与地质有关的问题》一文，对黑龙江流域的矿产

冯景兰（中左三）、袁复礼（前右二）与参加长江三峡工程地质考察和鉴定的中苏专家合影（1956年）（袁复礼亲属提供）

资源，坝址库址的基岩及地形，沼泽地的分布、成因及处理，新构造运动和河床覆盖层的厚度，森林采伐与水土保持等问题，均做了分析与讨论。1958年，他还发表论文，专门阐述了黑龙江水系地区新构造运动的八种迹象，并提出现代湿地是由地形、气候和地质等多种原因形成的。

冯景兰积极投入黄河、黑龙江等大江大河的治理工作，发表的许多论著都体现了他对山河伟力的认识，对开发水力水利的关切。他综合运用地质学、水文学、地貌学等多学科知识所提出的意见和建议，对黄河、黑龙江的水利建设做出了重要的贡献。

三、善教学　重实践　精心育人

"桃李满天下"，是人们对老教师毕生从事教育工作的赞誉。这对冯景兰来说，是当之无愧的。从1923年开始任教至1976年辞世的半个多世纪中，他的学生数以万计，其中不乏知名人士，地质界的许多栋梁之材不少是他的学生。在《冯景兰教授诞辰90周年纪念文集》中，他的一些学生撰文追忆恩师，表示要学习他诚挚的爱国心、高尚的人格、广博的学识和诲人不倦的作风。

冯景兰以身作则，教书先教人，毕生为祖国的地质科学和地质教育事业操劳，一心一意关心祖国的建设事业和人才培养。他信任党，热爱祖国和人民，对祖国的建设事业充满信心。1960年冬，他带领年轻教员、研究生和大学生，在河南栾川铜矿考察。这是一处刚发现不久的矿床，他对当地的地质工作很满意，加上身处壮丽的山河之中，便立即吟诗表达自己当时的心情："深感东风暖，喜见桃李芳；大好形势下，衰老也坚强。"这是他年逾古稀时写下的诗句，表达了对祖国前途的祝福，并鼓励学生奋进。他坚信"没有共产党，就没有新中国"这个真理，即使在"十年浩劫"期间，仍坚信祖国的明天会更好。就在1976年9月下旬，他与自己的学生见面时仍坚定不移地说："多难兴邦，我们中国是有希望的。"他工作认真、作风正派、为人师表的高尚品格为人们称道。他经常说，环境、条件多有变化，年轻人要能适应；适应是为了工作，要一丝不苟地工作，以便做出成绩。1957年春，北京地质学院举办过一次冯景兰教授、袁复礼教授地质教学、科研和调查工作的实物展览，展品中有冯老师的野外记表簿。这些记录簿内容丰富，图文并茂，有关记述井井有条,且文字清秀,表明冯先生野外观察非常全面、细致。

冯景兰有深厚的理论基础,积累了丰富的资料和经验,讲课时循循善诱,常采用启发式教学,很受学生欢迎。清华大学地学系一位1936级学生回忆说,入学以前他对地质学一窍不通,"冯老师讲授《普通地质学》,他以浓厚的河南口音与极为响亮清晰、抑扬动听的口语,生动通俗、深入浅出地讲授了地质科学的基础概念,使学生们很快对地质学有了初步认识,而且产生了兴趣。""(冯老师)在教学过程中还不断辅以标本、图片和幻灯,使教学内容更显生动活泼。他编写了一套用英语写的普通地质学教学提纲,简明系统,最为同学们所津津乐道。"在教学内容上,冯景兰系统地传授专业知识,并及时补充新的内容;在方法上,他讲课认真严谨,逻辑性很强,重点突出,板书很好,一堂课讲完,刚好写满一黑板,给学生们留下很深刻的印象。在给高年级学生讲授"矿床学"时,常指定下节课应该预习的章节,让学生自学,上课时他提出问题,要学生回答。他提出的问题,有些是教材中叙述过的,有些则需由学生自己思考后才能答得出来。当时的大部分学生认为,"这种教学方法,不仅能培养我们独立思考的能力,而且有利于沟通师生之间的思想,是一种非常好的教学方法。"20世纪五六十年代,"矿床工业类型"这门课很不容易讲授,冯景兰勇挑重担,结合自己的经验娓娓道来,深受同学们的欢迎。因为这门课涉及世界和我国有关矿床的成矿、矿业情况、矿床分布等理论和实际资料,使大家听完后很有收获。

学地质专业,野外调查是重要的一环。冯景兰很重视野外实习,一直注重培养学生艰苦朴素、吃苦耐劳和不怕困难的作风。他的学生苏良赫(清华大学地学系1937届)写道:"在野外他总是大步走在前边,学生们必须紧步才能跟上。他边讲边行,行进速度既快又均匀,在行进途中遇到地质现象,就详细讲解。一段行军之后,同学们虽然感到劳累,但收获确是丰富的。"1937年春,冯景兰与助教带领20多名同学在平绥路(北平—包头)下花园至大同段沿线进行地质实习。冯教授那种艰苦朴素、平易近人、与同学打成一片的作风,给学生们留下难以磨灭的印象。他常说,搞地质就要练会走山路,这是野外地质工作的一项基本功。他还常教导学生在思想上、工作上要能适应野外的各种环境。

从1957年算起,冯景兰负责培养了约20名研究生。他对研究生的学业要求是很严格的。入学考试时,他要求学生要学好必修课,并有扎实的野外训练经验。他强调学生的基本功要扎实,并以自己研究宣龙式赤铁矿鲕状构造及肾状构造成因的经验,说明化学等基础学科对地质研究的重要意义;研究生的毕业论文选题,放手由本人去选择，以充分发挥研究生的主动性。在对待理论与实践的关系上，他告诫学生："一辈子都要深入实际，坚持做实际工作，只有在实践中才能提高理论水平，才有可能创新。"对待科研成果，他认为，论文在一定研究领域有超过前人的地方，即有创新。他鼓励年轻人上进，并坚信青出于蓝而胜于蓝，对年轻教员也是这样要求的。他最喜欢的一句话是："譬如积薪，后来居上。"他常说："后生可畏，年轻人才是中国地质事业的未来。"

1989年2月，黄汲清院士为冯景兰教授90周年诞辰纪念题词："百篇论著足迹遍神州，一代宗师桃李满天下。"这是冯先生一生的写照。

（于　洸）

冯景兰简历：

1898年3月9日　出生于河南省唐河县祁仪镇。

1916年　考入北京大学预科。

1918年　赴美留学，就读于科罗拉多矿业学院。

1921年　考入哥伦比亚大学研究院，攻读矿床学、岩石学和地文学。

1923~1927年　任教于河南中州大学。

1927~1929年　任两广地质调查所技正。

1929年　出席第四届泛太平洋科学讨论会。

1929~1933年　任北洋大学矿冶工程系教授。

1933~1937年　任清华大学地学系教授。

1937~1946年　任长沙临时大学、西南联合大学地质地理气象学系教授。

1946~1952年　先后任清华大学地学系、地质学系教授。

1952年　任北京地质学院教授。

1954年　被聘为黄河规划委员会地质组组长。

1957年　被选聘为中国科学院地学部委员（现称院士）。

1956~1958年　参加中苏合作黑龙江综合考察队工作，为中方负责人。

1976年9月29日　病逝于北京。

冯景兰主要著作：

1．《开封附近沙丘堆之成因分布与风力水力风向水向之关系》，《科学》，

1926年。

2.《广东曲江仁化始兴南雄地质矿产》,《两广地质调查所年报》,1928年。

3.《广东粤汉铁路沿线地质》,《两广地质调查所年报》,1928年。

4.《宣龙式赤铁矿鲕状构造及肾状构造之成因》,《北洋大学采冶年刊》,1932年。

5.《中国宣龙式铁矿之成因》,《北洋大学矿冶系特刊》,1933年。

6.《山东招远金矿纪略》,《地质论评》,1936年。

7.《关于中国东南部红色岩层之划分的意见》,《地质论评》,1939年。

8.《云南滇缅铁路沿线地质》,《地学集刊》,1944年。

9.《云南大理县之地文》,《地学集刊》,1946年。

10.《云南之造矿时期及矿产区域(节要)》,《地质论评》,1946年。

11.《云南玉溪地质矿产》,《地学集刊》,1947年。

12.《豫西地质矿产简报》,1950年。

13.《豫西地质矿产调查报告》,1951年。

14.《豫西黄河坝址地质勘测报告》,《人民水利》,1951年。

15.《黄河的特点和问题》,《科学通报》,1953年。

16.《中国新构造运动在地貌及其他方面的证据》,《地质论评》,1957年。

17.《黑龙江水系地质及工程地质的初步观察：黑龙江流域综合考察学术报告（第一集）》,科学出版社,1958年版。

18.《关于黑龙江流域综合开发的几个与地质有关的问题》,《科学通报》,1958年。

19.《成矿封闭的基本概念及其初步探讨（摘要）》,1963年。

20.《关于成矿控制及成矿规律的几个重要问题的初步探讨》,科学出版社,1963年版。

本文参考文献：

1. 中国科学院学部联合办公室编：《中国科学院院士自述》,上海教育出版社,1996年版。

2. 中国科学技术协会编：《中国科学技术专家传略·理学编地学卷（1）》,河北教育出版社,1996年版。

3. 中国地质大学校史编撰委员会编：《地苑赤子——中国地质大学院士传略》，中国地质大学出版社，2001年版。

4. 《冯景兰教授诞辰90周年纪念文集》编委会：《冯景兰教授诞辰90周年纪念文集》，地质出版社，1990年版。

锲而不舍 献身地质科学与教育事业
——著名地质学家、古脊椎动物学家、地质教育家张席禔教授

张席禔,著名地质学家、古脊椎动物学家、地质教育家。在区域地质、古生物学、生物地层学等方面多有论著,是我国较早从事古生态学研究的古生物学家之一。在古脊椎动物研究,特别是在中国北方哺乳动物研究方面做出较大贡献。从1929年起,先后在中山大学、清华大学、长沙临时大学、西南联合大学、北京地质学院从事地质教育近40年,是一位受人尊敬的地质教育家。

张席禔,字惠远,河北定县(今定州市)人,1898年3月16日生。1911~1917年在河北省立第九中学学习,1917~1919年在北京大学理预科学习;1919~1923年在北京大学地质学系学习,1923年毕业。当年,考入德国慕尼黑大学读研究生,1926年转入奥地利维也纳大学读研究生,师从著名古生物学教授阿倍尔(Abel. D),1928年夏获博士学位,并留维也纳大学工作。1929年初回国,任两广地质调查所技士。1929年8月~1930年7月任中山大学地质学系副教授,兼两广地质调查所技士。1930年8月~1935年7月任中山大学地质学系教授,兼两广地质调查所技正、代理所长;期间,1930年4月~11月参加美国自然博物馆组织的第三次中亚考察团,任中方团长;1932年8月起任中山大学地质学系主任。1935年8月~1937年7月任清华大学地学系教授。1937年8月~1946年7月先后任长沙临时大学、西南联合大学地质地理气象学系教授。1946年8月~1950年2月任清华大学地学系教授;1950年3月~1952年8月任清华大学地质学系教授,1952年2月代理系主任。1952年8月起任北京地质学院教授,先后任副教务长、教务长,1958年8月任副院长。1950年被聘为中国科学院专门委员,1956年任中国科学院

古脊椎动物研究室兼职研究员，1963年任中国科学院古脊椎动物与古人类研究所兼职研究员。

张席褆于1950年加入九三学社，1956年2月加入中国共产党。先后任九三学社清华大学支社主任干事，九三学社北京地质学院支社主任委员，九三学社第二、四、五届中央委员，九三学社中央组织委员会副主任委员、组织部副部长。

张席褆1929年任中国古生物学会第一届评议会评议员，1947年任该学会理事会理事，1953年任候补理事，1962年复任理事。

一、对区域地质及地层、古生物学的研究

张席褆在国内从事地质工作，是从在广东、广西进行地质调查开始的。1929~1930年短短两年多的时间内，他完成了区域地质调查报告五篇，并与杨曾威合著《广东三水、四会、广宁、高要四县地质矿产》（1929）一文。在古生物研究方面，他最先对腕足类与瓣鳃类做了研究动物，与徐瑞麟一起发表了《广西下泥盆统腕足类与瓣鳃类化石之鉴定》（1929）一文；尔后，他又对二叠纪、侏罗纪植物化石进行研究，发表了《广东曲江蜡石坝田螺冲煤田二叠纪植物化石》（1930）、《广东乳源湖南宜章交界处艮口煤田侏罗纪植物化石》（1930）两篇论文，这是继周赞衡、斯行健之后我国学者对古植物化石研究的较早著述。

1931年夏，中山大学地质学系学生邱家骧在广东省郁南县连滩的炭质页岩和板岩中发现零星笔石化石。张席褆认为，这是在广东下古生界所谓无法分开的"龙山系"中的首次发现。他带领中山大学地质学系学生前往该处实习，前后共四次，发现了丰富的早志留世笔石化石，发表《广东郁南县连滩含笔石页岩的发现及其地质系统的比较》（1933）一文，将这一套地层命名为"连滩页岩"，后改为"连滩组"。这一名称沿用至今。这一发现及其研究成为中国笔石研究的一个重要事件，直到20世纪五六十年代在国内大学古生物学课程中仍被提及。关于笔石研究，张席褆还发表了《广东笔石页岩之研究与其地质时代之鉴定》（1934）、《单笔石的一些地质和古生物问题》（1938）、《广东连滩之新笔石层》（1939）等文章。

对中国中生代地层、志留纪地层，张席褆曾作了综合分析与论述，他在《中国中生代地层概要》（1936）一文中，论述了我国中生代海陆分布之情形、海相三

叠纪及陆相三叠纪、海相侏罗纪及陆相侏罗纪、陆相白垩纪以及中国中生代地层所受之造山运动及火山活动，并列有我国中生代地层比较表。在《中国志留纪地层概要》（1936）一文中，他论述了中国中部志留纪地层、南部志留纪地层以及中国志留纪地层中笔石化石之分析及层位之鉴定，并列有中国志留纪地层分布表。他认为，"中国志留纪地层，近年来新地点之发现甚多，但化石之采集终感缺乏，因此对地层之分带有困难，应多搜集化石。而志留纪之上部地层，已发现者仅为云南曲靖之妙高山层，此后对于上志留纪之分布应特为注意"。

张席禔对中国西南部海相三叠纪研究颇为深入，著有《广西海相三叠纪》（1932）、《贵州海相三叠系之新产地》（1942）等文。在地层划分方面，他将黔西南地区作为标准剖面，继古生物学家许德佑之后，又补充了大量的化石新种属，系统地阐述了地层划分的意见，特别是对中三叠统安尼西克阶（*Anisian*）及上三叠统卡尼克阶（*Carnian*）的划分提供了新的证据。从那时起，黔西南三叠系化石产地为历代生物地层学家所瞩目，时至今日，该地区三叠纪地层仍作为我国地层学、古生物学乃至古生态学的重要研究基地。张席禔发表的另一篇论文《云南三叠纪地形及地层概要》（1947），首次揭示了云南省三叠纪的地层分布及古地理面貌，不仅将那里的海陆作了分开，而且还将其海域分为东西两支，进而又谈及其中的东部海域与黔西及广西相连，属开阔浅海沉积，而西部海域则属于海槽类型。该文一发表，即受到地质学界元老孙云铸、袁复礼、孟宪民等的赞赏和支持，它对后人进行沉积古地理研究有所启迪。在1940~1945年间，张席禔调查中国西南部三叠纪地层。他根据野外观察、采集的化石和岩石标本及对文献的研究，发表了《关于中国三叠纪地层古地理与矿产的研究》（1957）一文。该文按照沉积物来源，将中国三叠纪建造分为两个完全不同的类型，即中国北部的陆相三叠系、中国南部的海相三叠系；并对三叠纪的造山运动，特别是造陆运动以及这个时期前后的运动作了讨论，对火山活动及有关岩石类型作了研讨，指出了中国三叠纪古地理的大致轮廓，对中国三叠纪的矿产，包括中国南部三叠纪的石油、盐和石灰岩沉积进行了分析和论述。此外，他还发表了《云南地质构造之观察》（1939）、《云南古生代地质略史》（1946）、《云南北部东川地质发展史》（1948）等论文。

王 烈　谭锡畴　袁复礼　孙云铸　冯景兰　**张席禔**　王恒升　张印堂
陶绍渊　李宪之　洪 绂　赵九章　钟道铭　林 超　鲍觉民　米 士

二、对古脊椎动物化石与新生代地层的研究

在维也纳大学留学期间，张席禔师从阿倍尔教授，从事古生态中功能形态方面的探究，所著博士论文《古象咀嚼器的功能》于1939年发表在 *Palaeobiologica* II上，开国内动物化石功能形态学研究之先声，是中国古生物学家中第一位从事古生态学研究的学者。

1930年4月~11月，张席禔参加美国自然博物馆组织的第三次中亚考察团工作，美方团长为安德鲁斯（Andrews），经翁文灏、马衡两位先生的邀请，张席禔任中方团长。张席禔是我国第一位在内蒙古北部从事地质调查的地质学家，也是国内用中文发表第一篇有关内蒙古地质论文的作者。第三次中亚考察团主要在内蒙古地区从事脊椎动物化石的采集及第三纪地层的考察，当年6月6日开始野外工作，10月5日返回北平，共采集化石120余箱，其中包括完整的铲齿象（*Platybelodon*）化石。张席禔于1931年发表了《中亚调查团一九三零年赴蒙调查报告》，此外还发表了另外三篇著作：一是以两广地质调查所特刊第9号名义出版的专著《内蒙地质志》（1931），该专著全面叙述了工作区内之地形、地层、地质历史、火山活动及气候变迁；二是在《中国地质学会志》第10卷（1931）上发表《内蒙古第三纪地层及其与欧洲、北美地层之比较》一文，创建了巴伦索组（早中渐新世）、乌兰戈楚组（早渐新世）的早第三纪（现称古近纪）的地层组名，并首次将散见于其他各论文中的早第三纪及晚第三纪的地层予以整理及分类，总结并建立了内蒙古中北部从上古新世至上新世的完整剖面，被一直沿用至20世纪60年代；三是在中山大学自然科学季刊上发表了《内蒙古及察哈尔一带地质构造及地形之概要》（1931）一文。张席禔于1933年发表《内蒙古调查期内零星记载》一文，文中对外国传教士的文化侵略予以抨击。

1933年，裴文中等人在周口店14地点发现了丰富的鱼化石，当时用于观察和研究的不下300余件。张席禔也参与其中，并于1935年发表了《周口店鱼化石》一文，除描述了四川鲃（*Barbus szechuanennsis*，现生种）及短头鲃（*Barbus brevicephalus sp. Nov*, 新种）外，还特别指出其中有幼体化石。后来刘宪亭对周口店14地点鱼化石又做了研究，从中发现一种刺鲃，他命名了一个新种——席禔刺鲃（*Matsya hsichihi*），以纪念周口店鱼化石早期研究者之一的张席禔先生。

1935年1月，应杨钟健之邀，张席禔与裴文中、德日进等人共同去考察广西、广东的新生代地层。杨钟健、裴文中、德日进三位从北平南来，经香港到广州，张席禔到车站迎接，然后他们辗转于三水、梧州、玉林、贵县、宾阳、南宁、武鸣、迁江、柳州、桂林、平乐之间。1935年，《中国地质学会志》第14卷第2期发表了德日进、杨钟健、裴文中、张席禔合著的《两广之新生代地层》一文，该文是第一篇关于南方红土的研究作品。作者将具有蠕虫状斑状结构的红土称为原生砖红壤（又称网纹红土），认为其形成是华南晚新生代期间值得重视的事件，并推断其形成早于更新世末至中更新世之前，也就是始于泥河湾之末，止于周口店期结束之前。他们的研究建立了南方红土形成机制及其形成时代的框架，为后人的研究奠定了基础，迄今仍是研究两广新生代地层的基本参考资料。

关于哺乳动物化石的研究，早在1934年张席禔就发表《广西哺乳动物化石》一文。此后，他又进行了剑齿虎、乳齿象、纳玛象化石的研究，发表了《山西上新统蓬蒂层剑齿虎之研究》（1957）、《山西蓬蒂层 Metailurus major 的头骨之研究》（1958）。在后文中，他根据犬齿的构造与形状，认为 Metailurus major 与剑齿虎似乎有血缘关系，二者均系上新世同时代的产物。在张席禔、刘后一合著的《记山西榆社峡口Metailurus化石》（1964）一文中，作者认为将Metailurus归入Nimaravinae亚科比较合适，时代为早上新世。张席禔在《山西东南部榆社盆地乳齿象类化石的新材料》（1964）一文中，鉴定了榆社五棱齿象(Pentalophodon yiisheensis Sp. Nov，新种)及中间轭齿象Zygolophodon intermedius (Teilhard &Trassaert)，时代均为上新世晚期。在《中国纳玛象化石新材料的研究及纳玛象系统分类的初步探讨》（1964）一文中，张席禔对当时从北京怀柔、河南平顶山和白龟山、山西万荣、河南新沂采集的纳玛象新材料作了详细的研究和对比。他参考前人的研究成果，将这些材料定为三类纳玛象亚种：标准纳玛象、诺氏纳玛象、矢部氏纳玛象；根据臼齿的构造、形态、齿形大小、宽度和齿板频率等，指出这三种纳玛象亚种的各自特点，并在此基础上，将纳玛象与中国更新统常见到的象类化石进行对比研究，对于我国分布较为广泛的更新统象化石作了初步系统的分类。此后，张席禔还研究了陕西蓝田的象化石，但课题未完即辞世，由他的助手翟人杰最后完成。两人合著的《陕西蓝田地区中新世象化石》一文于1978年发表。

三、毕生从事地质教育

从1929年8月起，张席禔先后任中山大学地质学系、清华大学地学系、长沙临时大学和西南联合大学地质地理气象学系、清华大学地学系、清华大学地质学系、北京地质学院的教授；曾任中山大学地质学系主任，清华大学地质学系代理系主任，北京地质学院副教务长、教务长、副院长等职。

张席禔对教学工作极为认真，一丝不苟。他在中山大学、清华大学任教时，主要讲授地史学、古生物学；在西南联大主要讲授地史学、脊椎动物化石、新生代地质，还讲授过普通地质学；在北京地质学院主要讲授地史学。他讲课时能抓住要点，言简意赅，学生们都认为他讲的课极有条理，概念清楚。每当他讲到恐龙时，声调变得更加有力，给学生印象很深刻。他对学生要求严格，考试评分很苛刻，一般的学生只能考70~80分，想"混分数"绝对不可能。他在清华大学讲授古生物学时，曾亲自刻蜡版、油印讲义。20世纪60年代，在北京地质学院图书馆还保存有他亲自刻写的讲义。在西南联大任教时，他曾带领学生作环滇池地质实习，一路上对学生极为关心，循循善诱，晚上还关心他们是否盖好被子。

张席禔有极强的爱国情怀和正义感。早在德国留学期间，他在德国慕尼黑发起、组织了科学救国同志会，带领大家进行抗日集会，并因此引起导师的不满。在中山大学期间，邹鲁、朱家骅多次动员他加入国民党，因当时国民党的腐败及内部倾轧已见端倪，他决心洁身自好，拒绝加入。他从此离开了中山大学，转至清华大学。在西南联大期间，当时国民党政府腐败成风，导致物价飞涨，学校的教育经费短缺，工作条件很差，但他仍坚持教学工作，培养学生，并经常阅读《新华日报》和延安出版的进步书籍。在学生出版的墙报上，他发表主持正义、支持学生爱国进步运动的言论，还营救过无辜被捕的学生和地下党员。

在国民党统治时期，一直对反动统治愤愤不平的张席禔，在1949年后就像换了一个人，在张奚若、许德珩、孙云铸等教授的鼓舞下，他在政治上要求进步，不久加入了九三学社，后来又加入了中国共产党，积极投身于新中国成立后的各项政治运动和教学工作。1952年全国高等学校院系调整过程中，北京大学地质学系、清华大学地质学系、天津大学地质工程系与唐山铁道学院采矿系地质组联合组成北京地质学院,张席褆任副教务长(教务长先由副院长尹赞勋兼任),后改任教务长。新学院刚组建时,各专业的教学计划和各门课程教学大纲的制订、教材的翻译和编写、苏联专家的聘请、教学实习基地的建设等一系列工作,张席褆都要参与其中,组织实施。他对待工作极为认真,上级下达的文件和下级的汇报材料都要认真阅读和研究。当时学院每年招生1000多人,都要上普通地质学这门课程,学院抽调了大批教师来上这门课,但不同系的教学内容和教学课时都有区别。张席褆作为教务长,亲自来抓这门课程的教学。通过两年的努力,普通地质学取得较好的教学效果。广大教师都认为这与他能听取各方的意见、集思广益是分不开的。为了能直接与苏联专家对话,他还参加俄语学习,并任教授班班长。经过学习,他能流利地用俄语与苏联专家讨论工作。他认为学习俄语要认真、持久。1962年,为了测试研究生的俄语水平,他从办公桌上抽出一张《真理报》,要求学生朗读并译出大意。他注重学院教材的编写工作。根据当时地质部教育司的安排,孙云铸、张席褆、郝诒纯、杨遵仪、徐仁、周明镇编撰的《古生物地史学》(中专教材试用本)于1955年出版。1958年8月,张席褆任北京地质学院副院长,主管教学、科研和外事工作。1958年,他与孙殿卿等人组成中国地质学会代表团,参加德国地质学会成立110周年大会。

袁复礼(左三)、张席褆(右四)参加"蓝田人"现场会
(1965年)(中科院古脊椎动物与古人类研究所提供)

张席褆十分重视古生态学的研究,他的博士论文专门研究古象咀嚼器的功能。从德国回国后,他未能继续从事这方面的工作。1948年他尝试以"功能形态分析

法"推介古生态学研究，并于1949年发表了《脊椎动物脊柱各种类型的机械功能》一文。在杨式溥教授赴苏联进修时，张席褆嘱其关注古生态学研究在苏联的进展情况。1959年，北京地质学院在地层古生物专业开设古生态学这门课程。当时张席褆参照盖格尔所著的《古生态学概论》及其他文献，编写了《古生态学讲义》一书，供同学们使用。1960年，在张席褆教授的支持下，北京地质学院制订了古生态学教程编写计划。在这一背景下，杨式溥、李凤麟、张席褆、殷鸿福所著的《古生态学》于1963年出版，张席褆编写了其中的第十一章，即"山东山旺中新世硅藻土的形成环境和古生物群分析"，论述了山旺盆地的地质情况、山旺组硅藻土层中各类古生物群的分析、山旺盆地岩相古生态的综合分析等三个问题。

张席褆热爱中国共产党，热爱社会主义，一生清廉、耿直，兢兢业业地在地质教育战线上辛勤工作，是我国地质教育史上一位忠实的拓荒者。他视力不好，从1965年起常患感冒，但他毫不介意，仍努力工作。1966年他被检查出肺癌，于1966年10月22日与世长辞，终年68岁。

1998年11月12日，中国地质大学与九三学社中国地质大学支社为纪念张席褆教授诞辰100周年举行隆重集会，大家追思缅怀他为我国地质科学和教育事业所做出的贡献，表示要学习他热爱祖国、锲而不舍献身地质科学和教育事业的精神，一丝不苟、严谨求实的科学作风，为实施科教兴国战略做出新的贡献。

（李凤麟）

张席褆简历：

1898年3月16日　出生于河北省定县（今定州市）。
1911~1917年　河北省立第九中学学习。
1917~1919年　北京大学理预科学习。
1919~1923年　北京大学地质学系学习。
1923~1926年　德国慕尼黑大学学习。
1926~1928年　奥地利维也纳大学学习，获博士学位，后留校工作。
1929年1月~1929年7月　两广地质调查所技士。
1929年8月~1930年7月　中山大学地质学系副教授，兼两广地质调查所技士。
1930年8月~1932年7月　中山大学地质学系教授，兼两广地质调查所技正、代理所长。

1930年4月~11月　参加美国自然博物馆组织的第三次中亚考察团工作，任中方团长。

1932年8月~1935年7月　中山大学地质学系教授、系主任，兼两广地质调查所技正、代理所长。

1935年8月~1937年7月　清华大学地学系教授。

1937年8月~1946年7月　长沙临时大学、西南联合大学地质地理气象学系教授。

1946年8月~1950年2月　清华大学地学系教授。

1950年　加入九三学社，任九三学社清华大学支社主任干事。

1950年3月~1952年8月　清华大学地质学系教授，后代理系主任。

1950年　被聘为中国科学院专门委员。

1952年8月起　北京地质学院教授、副教务长，后任教务长。

1956年2月5日　加入中国共产党。

1956~1957年　被聘为中国科学院古脊椎动物研究室兼职研究员。

1958年8月　北京地质学院副院长。

1958年12月3日　任九三学社第五届中央委员、组织部副部长。

1963年9月　被聘为中国科学院古脊椎动物与古人类研究所兼职研究员。

1966年10月22日　病逝于北京。

张席禔主要著作：

1.《广西下泥盆统腕足类与瓣鳃类化石之鉴定》，《两广地质调查所特刊》，1929年。

2.《广东曲江蜡石坝田螺冲煤田二叠纪植物化石》，《两广地质调查所古生物志》，1930年。

3.《内蒙古及察哈尔一带地质构造及地形之概要》，《中山大学自然科学季刊》，1931年。

4.《广东郁南县连滩含笔石页岩的发现及其地质系统的比较》，《中国地质学会志》，1933年。

5.《广东笔石页岩之研究与其地质时代之鉴定》，《中山大学自然科学季刊》，1934年。

6.《周口店鱼化石》，《中国地质学会志》，1935年。

7.《中国之中生代地层》，《中国地质学会志》，1936年。

8. 《中国中生代地层概要》,《地质论评》,1936年。

9. 《中国志留纪地层概要》,《地质论评》,1936年。

10. 《贵州海相三叠系之新产地》,《中国地质学会志》,1942年。

11. 《云南古生代地质略史(节要)》,《地质论评》,1946年。

12. 《云南三叠纪地形及地层概要》,《中国地质学会志》,1947年。

13. 《桑干片麻花岗岩的地质时代和产源(节要)》,《地质论评》,1954年。

14. 《中国奥陶纪志留纪动物区划分的矛盾性(提要)》,《地质论评》,1951年。

15. 《关于中国三叠纪地层古地理与矿产的研究(节要)》,《地质论评》,1957年。

16. 《山西上新统蓬蒂层剑齿虎之研究》,《古生物学报》,1957年。

17. 《中国南部印支运动性质、分期、分布范围与指导矿产勘探上的关系》,《北京地质勘探学院学报》,1959年。

18. 《山西东南部榆社盆地乳齿象类化石的新材料》,《古脊椎动物与古人类》,1964年。

19. 《中国纳玛象化石新材料的研究及纳玛象系统分类的初步探讨》,《古脊椎动物与古人类》,1964年。

20. 《陕西蓝田地区中新世象化石》,《地质出版社》,1978年。

本文参考文献:

1. 王鸿祯主编:《中国地质事业早期史》,北京大学出版社,1990年版。

2. 李凤麟:《张席禔》,《中国地质》,1991年第1期。

3. 李凤麟:《勤勤恳恳的老地质学家——缅怀我院副院长张席禔先生》,《江山作证——中国地质大学四十年校友畅言集》,中国地质大学出版社,1994年版。

4. 于洸:《西南联合大学地质地理气象学系概况》,《地质学史论丛》(3),中国地质大学出版社,1995年版。

5. 杨超群:《两广地质调查所简史》,《地质学史论丛》(4),地质出版社,1995年版。

生命不息　奋斗不止
——著名区域地质学家、岩石学家、矿床学家王恒升教授

王恒升，区域地质学家、岩石学家、矿床学家，对我国许多地区，尤其对新疆区域的地质矿产调查，以及西北若干重要金属矿的普查勘探做出了重要贡献，对角闪石晶体化学有精深研究。他提出了基性岩、超基性岩岩石化学计算与图解方法及分类方案，是我国成因岩石学研究的先驱；提出铬铁矿床属于晚期岩浆熔离的成因假说，以及层状基性超基性岩侵入体的岩浆液态重力分异模式。他与人合著的《含铬铁矿基性超基性岩岩体类型及铬铁矿成矿规律》对中国铬铁矿资源的开发有重要贡献。

王恒升，字洁秋，1901年8月4日出生于河北省定县大礼村一个农民家庭。因家贫，很晚才启蒙。在乡间的私塾念书时，课余还要参与家庭的农业劳动，因多接触农民，养成淳厚、朴实的性格。他深知生活的艰辛，学习很刻苦，12岁时读完小学。他抱着闯荡大世界的想法远走天津，在贤民中学读书。在那动荡的年代，学生爱国运动风起云涌，王恒升积极投入爱国斗争，在1919年的五四爱国运动中表现很活跃。同年中学毕业后，他以优异成绩考入北京大学理预科。1921年升入本科时，他深知国家矿产资源开发的重要性，毅然选择了地质学系。在何杰、王烈、李四光、葛利普等教授的指导下，王恒升不但学习成绩优秀，在野外实习等活动中表现也很突出。

1925年，王恒升于北京大学地质学系毕业，考入农商部地质调查所任调查员，后又担任技士、矿物岩石研究室主任等职，并先后赴北京、河北及东北、华东等地进行地质矿产调查工作。工作多年后，他深感直接接受欧美地质科学先进理论与技

王　烈　谭锡畴　袁复礼　孙云铸　冯景兰　张席禔　**王恒升**　张印堂
陶绍渊　李宪之　洪　绂　赵九章　钟道铭　林　超　鲍觉民　米　士

术的必要性，于是一边工作一边进修有关课程，最后终于获得了河北省公费留学资格，于1933年赴瑞士巴塞尔大学留学，不久又转至瑞士苏黎世高等工业学校研究生部，师从著名岩石学、矿床学大师保尔·尼格里（Paul Niggli）教授。1936年，他以优异成绩获博士学位；1937年，再度到巴塞尔大学进修，师从莱茵霍教授，专攻费德洛夫旋转台技术。震惊中外的卢沟桥事变发生后，他谢绝了国外的高薪聘请，于1937年底回到灾难深重的祖国。

王恒升回国后，任南京国民政府经济部地质调查所技正，兼该所桂林办事处主任、滇缅公路沿线地质调查队队长等职。当时，抗日战争急需大量矿产资源，滇缅公路是联系中国战区与东南亚战区的咽喉要道，王恒升率队在公路沿线调查地质矿产，测制路线地质图，取得很大成绩。1939年，他应聘兼任中央研究院地质研究所研究员；不久应聘任西南联合大学地质地理气象学系教授，讲授岩石学、岩石发生史、地质测量等课程。1944年，他接受南京国民政府经济部部长翁文灏要他组建新疆省地质调查所的任务，携家带眷，率领一批青年工作者同赴艰苦的大西北，进行开创性的地质工作。他到新疆后，创建了新疆省地质调查所，并任所长，兼新疆省贵金属矿务局局长。他和同事们对新疆的地质、矿产、土壤等进行调查，为新疆解放后的地质工作和经济建设提供了一定的基础。

新疆和平解放后，他带领一部分解放军官兵，在乌鲁木齐附近的六道湾寻找煤矿，在估算了当地的煤矿储量后，设计了几种开采方案。按其中的方案，有关部门在30米深处采到了煤，解了新疆军民的燃眉之急。王震将军高兴地说："你们为新疆军民立了大功！"1950年，王恒升任新疆工业厅工程师，为该厅技术总负责人。他的工作不仅是找矿，而且还举办地质矿产培训班，并亲自授课，培养了一批地质研究人员。1953年，王恒升调任西北地质局总工程师。

自1956年底始，王恒升在地质部地质矿产研究所工作，后来先后在地质部地质科学研究院地质研究所、地质矿产部地质研究所、中国地质科学院地质研究所进行研究工作，任一级研究员；1956~1966年和1978~1980年两度出任岩石矿物研究室主任，1964~1966年兼任地质部铬矿指挥部总工程师，1980年当选为中国科学院地学部学部委员（现称院士）。他十分重视对中青年地质科学工作者的扶植，培养了多名硕士生、博士生，他们后来都成为矿产学界的骨干。

王恒升早年参加中国地质学会，曾当选第18~23届理事会理事，1939年任《中国地质学会志》编辑，1943~1945年任《地质论评》编辑；1979年当选地质学会第32届理事，并当选为新成立的中国矿物岩石地球化学学会理事。

一、在区域地质矿产调查上的成就

王恒升对我国许多省、市、自治区进行过地质矿产调查工作,按照成就可分为两个时期。

第一时期是刚参加工作到出国留学前的八年内,他先后在北京、河北、辽宁、吉林、黑龙江、江苏、浙江、福建等省、市的许多地方进行过地质矿产调查,完成了多篇地质矿产调查报告:《吉林省穆陵密山二县地质矿产纪要》(1929),《黑龙江省嫩江流域之地质》(与谭锡畴合著,1929),《京粤铁道线地质矿产报告(南京至福建南平段)》(与李春昱合著,1930),《山东东部地质》(1930),《辽宁葫芦岛附近锦西锦县一带地质矿产》(与侯德封合著,1931),《葫芦岛海港概况》(1931),《安徽南部九华山一带之地质》(与孙健初合著,1933)等。这些著作,对于以上这些地区的地质矿产研究工作来说,都是具有开创意义和实用价值的。

第二时期是在西南、西北工作期间。先是1937年底至1944年,在广西、云南地区进行地质矿产调查工作,在滇缅公路沿线测制路线地质图,调查抗日战争急需的矿产资源分布;后是1944年至1956年,调查新疆地质矿产,与宋叔和、关士聪写成《新疆迪化八道湾煤田》(1945)一文;不久写成《新疆矿产资源》的报告,发表于《矿测近讯》(1945)上。他还运用施泰因(Stein)的《新疆绿洲图》,估算了新疆的农田面积。1950年,他奉王震将军的指示,负责组织了南疆矿产考察队,在哈什、乌恰地区发现了煤矿、库车的石油以及和田、于田的金矿等。这期间,他还发现了南疆昆仑山上海拔4000米高处的现代火山。1953~1956年,王恒升在任西北地质局总工程师期间,与宋叔和、陈鑫等先后勘探了陕北金堆城钼矿、青海锡铁山铅锌矿、甘肃镜铁山铁矿等,并通过勘探否定了牛山铜矿的存在。

二、在岩石学研究上的成就

早在20世纪20年代,王恒升在研究湖北大冶铁矿时,首次提出花岗闪长岩晚期残余岩浆的挥发组分携带造矿元素与围岩反应形成富铁矿体的观点,其论文《大冶铁矿床》(1926)发表在《中国地质学会志》上。在研究河北宜化中生代火山岩构造时,他发现火山熔岩剖面层序自下而上呈现由基性到酸性的规律性变化,并指出这是由于岩浆层内岩浆分异演化的趋势所引起的,为此,发表了《宣化一带古火山之研究》(1928)一文。他通过对我国大量煤的化学分析资料的研究,发现煤的正水含量变化与其形成时代有关,并以此作为同一地区煤层形成时代的区分标志与对比标志,并写出了《煤炭中的正水含量与其年龄的关系》(1930)一文。

他在瑞士荣膺博士学位的论文是《阿尔卑斯山太辛耨区角闪岩岩石化学的研究》,该文指出,角闪石晶体的构造水必须加热到900℃以上,待晶体构造全部破坏之后,才能完全释放出来,从而解决了当时颇有争议的角闪石全分析总重量达不到百分之百的疑难问题,为角闪石的研究做出了贡献。

20世纪60年代初,为适应基性岩、超基性岩成矿专属性的研究,他与同事们一道,创立了新的岩石化学计算法和图解方法,并将基性岩和超基性岩用岩石化学进行分类。他与白文吉合作发表了《对基性超基性岩岩石化学一种计算方法和图解的建议》(1963)和《基性岩与超基性岩岩石化学计算方法》(1975),又与白文吉、宛传永合著《基性与超基性岩岩石化学分类》(1978)一文。这些方法为后来多年的实践证明是可行的,被广泛使用。

三、在矿床学研究上的成就

自20世纪50年代中期起,王恒升集中精力于矿床学研究方面,尤其在铬铁矿床的研究方面业绩最为突出,为铬铁矿床的找矿、勘探、评价、开发做出了重要贡献。

上个世纪50年代末,由于我国钢铁工业发展的迫切要求,王恒升急国家之所急,承担了国内基性岩、超基性岩及有关铬、镍、钴、铂、金刚石的研究项目,为中苏合作项目的负责人。他组织地质部岩石矿物研究室的人员对内蒙古及西北地区的基性岩、超基性岩和有关矿产进行了大量的调查和研究工作。在他的倡议下,同事们先后几次对国内的基性岩、超基性岩开展编图工作,并借鉴国外同行对铬铁矿的成矿规律进行研究的经验,提高了我国在这方面的研究水平。他还非常重视实验室的建设,在他的争取下,通过苏联专家的帮助,上个世纪50年代末我国地质系统成立了第一个同位素绝对年龄实验室。

在任地质部铬矿指挥部总工程师期间，王恒升一方面组织地质矿产研究所的科技力量深入各矿区进行系统研究，另一方面精心组织、指导了对西北、东北等地区含铬超基性岩体的勘探和评价工作，并最终在新疆的萨尔、鲸鱼等矿区发现了具有一定工业储量的铬铁矿。王恒升对新疆及内蒙古含铬基性岩、超基性岩体进行了详细的研究与评价，对我国当时铬矿普查勘探工作有重要的指导意义。通过对全国有关铬矿地质特征、大地构造背景及基性超基性岩的含矿性等方面的综合分析，他明确指出，西藏是我国铬铁矿最有开发前景的地区，并建议组队到那里进行前期工作。地质部采纳了此建议，并组队在藏北、藏南进行普查勘探，事实证明了王恒升推断的科学性。

在理论研究方面，王恒升在20世纪60年代初就提出有工业价值的铬铁矿床属于晚期岩浆熔离的成因假说，认为残余岩浆中的挥发组分的富集促进了矿浆和岩浆的分熔，所以存在铬铁矿矿浆，由矿浆再结晶成矿石。70年代，他又提出了层状基性、超基性侵入体的岩浆液态重力分异模式的新观点，认为岩浆结晶重力分异是在这种液态重力分异的基础上进行的；岩浆具有群聚态有序结构，不同群聚体的比重不同，比重较大的群聚体首先沉积在岩浆房的底部，因而导致岩浆液态重力分层构造的形成。他由此解释了岩浆液态重力分异和岩浆成矿专属性的机理。这一学说已为实验所证明。凡经他研究过的含铬岩体，他都能及时做出远景评价，以供有关部门参考。

以王恒升为首的研究集体根据1954~1973年在基性岩、超基性岩和铬铁矿工作中取得的成果，引用一些国外有关铬铁矿的资料，发表了专著《含铬铁矿基性超基性岩岩体类型及铬铁矿成矿规律》。该专著指出了铬铁矿矿浆的存在、铬铁矿的成矿规律，并说明了岩浆分异与岩体产状、规模在成矿上的重要意义，即规模越大，出露面积、厚度越大的岩体，成矿规模也越大。

王恒升、白文吉、王炳熙、柴耀楚编著的《中国铬铁矿床及成因》一书于1983年出版。该书根据我国当时近三十年有关铬铁矿勘探方面的野外和室内研究的资料，总结了铬铁矿的成矿规律，重点阐述了与铬铁矿有关的成矿理论、控矿因素，铬铁矿床与岩相、岩石、矿物和构造等方面的关系，指出了各种地质环境中铬铁矿的分布规律和找矿方向，另外还介绍中国铬铁矿床的主要类型及铬铁矿床学的基本研究方法。

王 烈　谭锡畴　袁复礼　孙云铸　冯景兰　张席禔　**王恒升**　张印堂
陶绍渊　李宪之　洪 绂　赵九章　钟道铭　林 超　鲍觉民　米 士

四、认真教学　精心育人

　　1939年秋，王恒升应聘任西南联合大学地质地理气象学系教授，讲授岩石学、岩石发生史、地质测量三门课程，还要指导学生进行地质填图实习，教学任务很重，是当时系里精力充沛的年轻教授之一。当时昆明屡遭日机轰炸，系里将显微镜存放在昆明郊外，学生要到岗头村去看岩石薄片。他是岩石学大师尼格里的门徒，刚从瑞士留学回国，尼格里的岩石分类法是他讲课的重要内容之一。特别是他所介绍的 *Niggli Value* 给学生留下了深刻的印象。他教学要求很严格，出的考试题目很难，总有少数人不及格。据说这是尼格里留下的传统。但他平时对学生悉心爱护，待人接物和蔼可亲，性格开朗，深受学生尊敬。1991年中国科学院举行学部大会期间，曾经的西南联大学生、当时的地学部委员涂光炽、张炳熹、董申保、池际尚、刘东生、马杏垣、郝诒纯等，热烈地向90岁高龄的恩师王恒升表示感谢，并祝他健康长寿，不断取得新的成就。

　　王恒升对工作非常执著。20世纪50年代末，他已到花甲之年，仍精力充沛，与青年人一道摸爬滚打，满怀热情地进行野外地质工作和技术指导，在帐篷中忍受着蚊虫叮咬，在内蒙古草原的风沙中吃着小米饭就萝卜丝，使与他共事的年轻人都深受感动。1957年，在西北进行野外地质调查时，他不幸遭遇车祸，从此肩骨上留有伤残。但这次意外，无损于他工作的热情与干劲，后来他还拄着拐杖跟在牦牛队后面，翻越祁连山，跨马奔驰在准噶尔盆地。20世纪80年代，已是耄耋之年的他，仍勤奋地工作，两次去西昌地区调查钒钛磁铁矿的分布情况，对攀枝花铁矿扩大开采量的前景非常乐观，使中青年地质工作者深受鼓舞。90年代，他已是90多岁高龄，但还在为祖国地质科学事业的发展操劳，以"生命不息，奋斗不止"的精神谱写自己的"黄昏颂"。

　　2003年9月21日，王恒升在北京逝世，享年103岁。

（于　洸）

王恒升简历：

1901年8月4日　生于河北省定县大礼村。

1919年　考入北京大学理预科。

1921年　升入北京大学地质学系学习。

1925年　入农商部地质调查所工作，先后任调查员、技士、矿物岩石研究室主任。

1933年　留学瑞士巴塞尔大学、苏黎世高等工业学校研究生部。

1936年　在苏黎世高等工业学校获博士学位。

1937年　赴瑞士巴塞尔大学进修。同年底回国，任中央地质调查所技正，兼桂林办事处主任。

1939年　兼任中央研究院地质研究所研究员。

1939年　任西南联合大学地质地理气象学系教授。

1944年　任新疆省地质调查所所长，兼新疆省贵金属矿务局局长。

1950年　任新疆工业厅工程师、技术总负责人。

1953年　任西北地质局总工程师。

1956年　任地质部地质矿产研究所一级研究员、岩石矿物研究室主任。

1964年　兼任地质部铬矿指挥部总工程师。

1980年　当选为中国科学院地学部学部委员（现称院士）；任国际地科联火成岩委员会委员。

2003年9月21日　病逝于北京。

王恒升主要著作：

1. *The Ta Yeh Iron Deposits*, Bull Geol. Soc. China, 1926.

2.《宣化一带古火山之研究》，《地质汇报》，1928年。

3.《北平西山妙峰山髻髻山一带之火成岩》，《地质汇报》，1928年。

4. *The Rectangular Graphs as applied to the Proximate analyses of the Chinese Coals*, Bull Geol. Soc. China. 1928.

5.《吉林省穆陵密山二县地质矿产纪要》，《地质汇报》，1929年。

6.《黑龙江省嫩江流域之地质》，《地质汇报》，1929年。

7.《京粤铁道线地质矿产报告（南京至福建南平段）》，《地质汇报》，1930年。

8. *The Geology in Eastern Shantung*, Bull Geol. Soc. China, 1930.

9.《辽宁葫芦岛附近锦西锦县一带地质矿产》，《地质汇报》，1931年。

| 王 烈 | 谭锡畴 | 袁复礼 | 孙云铸 | 冯景兰 | 张席禔 | **王恒升** | 张印堂 |
| 陶绍渊 | 李宪之 | 洪 绂 | 赵九章 | 钟道铭 | 林 超 | 鲍觉民 | 米 士 |

10. 《葫芦岛海港概况》，《地质汇报》，1931年。

11. 《新疆矿产资源》，《矿测近讯》，1945年。

12. 《对铬铁矿床生成若干问题的探讨》，《中国地质》，1962年。

13. 《对基性超基性岩岩石化学一种计算方法和图解的建议》，《中国地质学会第32届年会论文选集（矿物，岩石，地球化学）》，1963年。

14. 《基性岩与超基性岩岩石化学计算方法》，《地质学报》，1975年。

15. 《关于铬铁矿的成因问题》，地质出版社，1976年版。

本文参考文献：

1．中国科学技术协会编：《中国科学技术专家传略·理学编地学卷（1）》，河北教育出版社，1996年版。

2．黄汲清、何绍勋主编：《中国现代地质学家传（1）》，湖南科学技术出版社，1990年版。

3．王恒升、白文吉、王炳熙、柴耀楚编著：《中国铬铁矿床及成因》，科学出版社，1983年版。

中国经济地理学的主要奠基人
——著名地理学家、地理教育家张印堂教授

张印堂，中国现代地理学家。在经济地理学方面具有突出的成就，为中国经济地理学的主要奠基人之一；在人口地理学方面，他也是提出中国需要节育的第一人。抗日战争时期，作为国立西南联合大学的教授，他十分注意云南地理的研究，曾多次赴滇西调查规划中的滇缅铁路沿线地理状况，为边疆开发提供资料，为边界的划分提供依据，被西南联大的学生称为"中国地理学权威学者"。其《滇缅铁路沿线经济地理》一文，荣获南京国民政府教育部第二届社会科学类三等奖。

张印堂（1903~1991），字荫棠，山东泰安人。早年就读于燕京大学，1933年毕业于英国利物浦大学，获地理学硕士学位。1933年8月回国，任清华大学地学系教授。

张印堂较早进行人口地理学的研究，1934年《地理学报》创刊号第一篇文章即为他发表的论文《中国人口问题之严重》。该文是目前有文字可考的关于中国需要节育的第一篇科学论文。

七七事变后，清华大学与北京大学、南开大学南迁至长沙，联合组建国立长沙临时大学，张印堂任地质地理气象学系教授。1938年长沙临大西迁昆明，更名为国立西南联合大学，张印堂任西南联大地质地理气象学系教授、地理组组长。他先后开设五门地理学方面的课程。他在教学方面认真负责，在科研方面一丝不苟，假期，还亲自带领学生到野外实习。1939年休假期间，张印堂带领助教刘心务、助理研究员邹新垓赴滇西边疆考察，踏勘拟修筑的滇缅铁路沿线的地理概况。

抗战胜利后，清华大学复员回北平，地学系主任由袁复礼教授担任，地理组的负责人为张印堂。1948年，张印堂休假去美国。

1949年底，云南省立昆华民众教育馆出版《云南史地辑要》一书，由方国瑜等著名学者撰写，张印堂在出国之前也参与其事，从事云南地理方面的编写工作，写有《云南地形》等内容。

1948～1991年，张印堂一直寓居美国。

一、对人口地理学的研究

张印堂较早进行人口地理学的研究，他在刘心务的协助下翻译美国人葛德石（George B. Cressey）所著的《亚洲之地与人》一书，已见他对人口地理学的兴趣。1931年，张印堂关于人口问题的专著《中国人口问题》由世界书局出版，该书分析了中国人口的现状。1934年，《地理学报》创刊号以第一篇文章的形式发表他的论文《中国人口问题之严重》，该文明确提出中国需要节育，认为中国人贫穷的原因是因为人口过多。在这篇论文中，张印堂首先分析了中国的人口与耕地情况：按照当时的劳动技术水平估计，平均每人"需三亩田地的生产方可度日"，而当时中国没有这么多的耕地，因此随着人口的增长需要大规模开荒。他进一步通过分析中国各地区移民垦荒的可能性，发现移民垦荒能够解决一些问题，但从长远来看，中国没有那么多可供开垦的荒地足以支持国人的温饱，因此提出："是以若想根本地解决中国的人口问题，除积极进行移民开荒之治标的方法外，尚须努力提倡治本的节育政策，方能彻底地解决之。"在20世纪30年代他就提出节育的主张，可以说前无古人。

张印堂在《中国人口问题之严重》一文中提出，解决中国人口问题，治本为节育，治标为移民垦荒。这一观点应是正确的，但他并没有提及一个更根本的社会制度问题。1935年，另一地理学家涂长望写的《与张印堂先生商榷中国人口问题之严重》一文，用专门篇章论述了中国天灾人祸与国人贫穷的关系问题，认为中国人口问题的产生与天灾人祸密切相关，中国人口并不过剩，"国人之贫穷不是人口过多引起的，政治动荡、经济不发达才是根本原因"。涂长望虽不同意张印堂的人口控制论，但对张印堂的人口论作了简要的补充。

二、对经济地理学的研究

1938年秋，张印堂到达昆明，任国立西南联合大学教授，即投入经济地理学的研究。

1937年7月抗日战争爆发后，中国通往国外的通道大多被日军切断，抗日所需军用物资只能靠"西线"入境转运。同年9月，蒋介石在南京召开最高军事会议，出席会议的云南省主席龙云提出"国际交通应当做准备"，应迅速着手抢修滇缅公路和滇缅铁路。为保障军需供给，阻止日军的进攻，1938年秋，中、英、美三方会商，由美国贷款7000万美元，中、英两国分别在滇、缅境内合作修筑滇缅铁路。

在此背景下，张印堂于1939年10月初利用休假之便，得到国立清华大学、国家资源委员会及滇缅铁路局三方的合作资助，亲自前往拟修筑的滇缅铁路沿线调查，对滇西一带的经济地理、矿产资源、运输条件等情况进行具体考察，为修筑滇缅铁路提供参考。他带领助教刘心务、助理研究员邹新垓由昆明出发，沿拟修筑的滇缅铁路沿线西行，逐站调查，随地勘测，经祥云南折，过滚弄到缅甸的腊戍，再沿公路经畹町、遮放、芒市到龙陵，又取道腾龙大路，西去腾卫，再由腾东折转返保山，然后沿公路东行，经下关、祥云，于1940年初回到昆明，行程约2500余千米。考察结束后，张印堂等人发表了《滇缅铁路沿线经济地理调查报告》。该调查报告分上、下两册，附有202张实地考察照片、14张地图（含矿产分布图）、12张各种数据表，通过对拟修筑的滇缅铁路沿线的地形、构造、气候、植物、土壤、居民的分布及其生活状态的调查了解，充分论证了修筑滇缅铁路的必要性和重要性。张印堂认为，"滇缅铁路所经之地，虽属有限，然其运输范围实包含云南以西各地。大部分处于亚热带，为热带季节气候区之一部，四季温和适于农作，沿线矿产密布，于轻重工业之发展均具有地理上之基础"，该铁路线"位于我国之最西南角，在印度支那半岛之顶端，与英属缅甸相毗连，故为我国西南国际交通之孔道"，该铁路的修通将使"西南边防赖以巩固，内地富源藉资开发，战时固为国际交通之命脉，战后亦为对外贸易之枢纽。并可藉交通之便利，提高边地之文化，消除民族间之隔阂。由此观之，其功用之大，效力之伟，诚非笔墨所能罄述"，"滇缅铁路确为我国西南最安全而简便之国际交通线"。同时，报告中也对腾冲至密支那、腾冲至八莫间两条旧大道的驮运现状和当时滇缅公路的汽车运输情形进行了考察和论证，对它们沿线居民的迁移、民族、语言、货币、走私等问题进行了调查，也对拟修筑的滇缅铁路沿线的农作物种植、工商业的现状及发展状况、矿产的开采及现状、经济中心区做了详尽的记录和介绍。

其后，张印堂在《滇缅铁路沿线经济地理调查报告》的基础上，撰写成《滇缅铁路沿线经济地理》一文，该文荣获南京国民政府教育部第二届社会科学类三等奖。此外，张印堂利用上述考察资料，撰写成《云南边疆种族地理》、《云南经济地理》等论文和《滇西经济地理》一书，进一步丰富其经济地理学的研究内容。

三、对边疆地理学的研究

张印堂出任西南联大教授时，开始注意对云南等边疆地区的研究。尤为突出的是，他重视对中缅边界的研究，所撰写的《缅甸独立与中缅未定界问题》一文，为其边疆地理学研究成果的集中反映。他在该文中指出："吾人对此重生(缅甸)邻邦，除寄一无限希望外，对中英久悬之滇缅未定界问题，亦愿趁缅甸光复之伊始，于中缅交欢之情感下，得以和谐解决，奠下中缅友好的关系基石，当为中英缅三方所一致之欢迎。"在对两国北段未定国界附近的历史与社会风俗进行考察之后，他认为，"中英之滇缅未定界地，既非缅属，而在历史上又与我国有密切之政治关系，且在种属上又与我滇西边胞山头人同，其全部之主权与传统之完整，不宜分割，隶属于二，值此英国放弃统治缅甸政治之际，此地此民，随缅甸之独立，理应早日归还我国，以免未来中缅之纠纷与施政之困难"，"滇缅定界有利于边疆的稳定"。

除了对云南边疆及边界的研究外，张印堂也注意东北、蒙古、藏区的边界问题，其发表的论文反映了对中国领土主权的关注，爱国之情溢入研究文字中，如《宁青经济地理之基础与问题》、《国人对东北应有的认识》、《蒙古问题》、《蒙古在我国防地理上之重要》等。

四、教书育人

1938年秋，张印堂任国立西南联合大学地质地理气象学系教授，兼地理组组长，为西南联大地理学专业的教学骨干，先后开设中国地理总论、气候学及世界气候、中国边疆区域地理、人类种族地理、自然地理等五门课程。他教学认真负责，对学生要求十分严格，所教过的学生对其授课内容一直记忆犹新。除课堂教学之外，他也注意对学生实践能力的培养，亲自带领他们进行田野调查。

据听过张印堂课的刘东生回忆，张老师上"边疆地理"课时曾讲过几句颇使学生们领悟的话，将他在云南西部冒着生命危险考察靠近缅甸、泰国等地的自然地理及其在经济、国防等方面的重要性等介绍给大家；当讲到国家有许多地区是需要有人去研究时，张先生说："考入地理系的都是最好的学生。什么是最好的学生呢？选择了祖国的需要就是最好的学生。"

张印堂十分重视学生的田野调查训练。在清华大学任教时，他就带领学生西出北京，去山西、内蒙古等地进行地理调查。在西南联大任教时，1939年他利用休假的时间带领助教刘心务、助理研究员邹新垓奔滇西边疆考察，踏勘拟修筑的滇缅铁路沿线的地理概况，收集到大量边疆地区的资料，并对该地区的自然特点、地理类型分布以及经济、社会等情况进行认真研究。此番成果，成为他后来开设边疆地理课的重要资料。

（肖　雄　朱　俊）

张印堂简历：

1903年　出生于山东省泰安市。

1933年　毕业于英国利物浦大学，获地理学硕士学位。

1933年8月起　任清华大学地学系教授，不久加入中国地质学会。

1937年起　任国立长沙临时大学教授，同年被选为中国地质学会理事。

1938年起　任国立西南联合大学教授，地质地理气象学系地理组组长。

1946年起　担任清华大学地学系教授、地理组负责人。

1948～1991年　寓居美国。

张印堂主要著作：

1.《中国人口问题》，世界书局，1931年版。

2.《中国人口问题之严重》，《地理学报》，1934年。

3.《国人对东北应有的认识》，《东方杂志》，1936年。

4.《蒙古问题》，商务印书馆，1937年版。

5.《地理研究法》，正中书局，1937年版。

6.《滇西经济地理》，《西南研究丛书》，1937年。

7.《滇缅铁路沿线经济地理调查报告（上、下册）》，1940年。

8.《云南边疆种族地理》,《西南边疆》, 1940年。

9.《云南经济地理》(出版者与出版年份不详)。

10.《滇缅铁路沿线经济地理》(出版者与出版年份不详)。

11.《缅甸独立与中缅未定界问题》(出版者与出版年份不详)。

12.《蒙古在我国防地理上之重要》,《边政公论》, 1944年。

13.《人类种族与民主的挑战》,《东方杂志》, 1944年。

14.《中国古代文化之发展及其地理背景》,《地学杂志》(出版年份不详)。

15.《宁青经济地理之基础与问题》,《边政公论》, 1944年。

16.《英美未来可能的战略联防线》,《观察》(出版年份不详)。

17.《师范地理教育之重要》,《地理教学》, 1947年。

18.《亚洲之地与人》, 商务印务馆, 1966年版。

本文参考文献:

1. 北京大学、清华大学、南开大学、云南师范大学编:《国立西南联合大学史料(四)·教职员卷》, 云南教育出版社, 1998年版。

2. 李德仁:《荣获"抗战时期学术奖"的联大学者》,《昆明文史资料选辑》第44辑。

3. 王启龙、邓小咏:《二十世纪上半叶藏区地理研究述评》,《西藏研究》, 2009年第2期。

4. 张景秋:《1900~1970年中国人文地理学的发展与回顾》,《人文地理》, 1998年第1期。

5. 云南省政协文史资料研究委员会、西南联合大学北京、昆明校友会、云南师范大学合编:《云南文史资料选辑》第三十四辑, 云南人民出版社, 1988年版。

6. 北京大学环境学院《王乃樑文集》编辑组编:《王乃樑文集》, 学苑出版社, 2006年版。

7. 涂长望:《与张印堂先生商榷中国人口问题之严重》,《地理学报》, 1935年第1期。

8. 西南联大《除夕副刊》主编:《联大八年》, 西南联大学生出版社, 1946年版。

地理名师　诚爱百年
——著名地理学家、地理教育家陶绍渊教授

陶绍渊，江西省九江市星子县人。原名贤清，后更名绍渊，字子潜。九三学社社员。武昌文华大学教育系毕业。曾任江西省九江市光华中学、上海市光华大学附中地理教师。1937~1938年在美国芝加哥大学地理系深造，获得硕士学位。1939年回国，历任国立师范学院、西南联大、大夏大学、复旦大学、圣约翰大学、上海师范学院教授。主要学术著作有《长江下游三省一市的人口分布》、《航空时代的北冰洋》等。晚年，为上海师大地理系恢复及发展方向的确立竭尽心力，并积极参与以中华文化实现两岸统一的文化交流活动。

陶绍渊

一、传承地理　光我中华

陶绍渊于1903年出生于一个信奉基督教的家庭，其母戴氏生有儿女十三人，他排行最后。父亲陶用福不但是一个虔诚的传教士，而且在陶渊明故地星子县城以商贾盛名。从事妇幼科医师的二姐陶美德，不仅从物质上支援了比她年幼十几岁的小弟陶绍渊，而且在人格上给了他很大的影响。

陶绍渊少时于九江八角石柴桑、同文等中学学习，并因国文教师提议，将原名"贤清"改为"绍渊"，字子潜，意在承嗣陶渊明遗风。年轻时他酷爱踢足球，在校足球队中司职中锋。他后来加入九三学社，与当年九江足球队（江西足球运动的摇篮）主力、日后创立九三学社的许德珩先生不无联系。

后来，陶绍渊在九江就读美国圣公会创办的圣约翰中学。1921年圣诞节期间，方志敏等人坚决抵制校方要求全校学生必须进教堂参加圣诞节活动的规定，与洋人教师发生了冲突，得到了广大爱国学生的支持。当时正在做礼拜的陶绍渊亲历了这场爱国事件。

大革命时代，陶绍渊在姐姐的支持下，从九江来到武昌，在教会学校文华大学（后更名为"华中大学"）求学，主修教育学。

1926年，圣约翰中学的部分师生因不满美籍校长的高压管束，与学校决裂，在商绅的资助下，另创学校。他们依照"光我中华"之意，给新学校取名"光华中学"，并向上海光华大学请求提供师资支持。1927年，应聘到上海光华大学附中不久的陶绍渊，遂被派回故乡援建九江光华中学，任地理教师。

上世纪20年代末，日本帝国主义加快了侵略中国的步伐，中国人民面临国家存亡之危机。为了激发青年学生的爱国意识，陶绍渊在地理课上把中国地图画成一叶美丽的"秋海棠"（包括被列强强占的中国版图）。他之所以担任地理教师，选择与他大学所学专业不同的职业，是因为他想以更直观的方式让学生记住自己的祖国。他始终认为，一个连自己祖国的疆土都不了解的人，何谈爱国之心。在三尺讲台上，他施展背手画地图的绝技，不知画了多少幅"秋海棠"！

陶绍渊兼任光华中学训导主任之职，他的很多学生受他爱国思想的影响，走上了革命的道路，俞贵方就是其中的代表。俞贵方12岁时在上海光华大学附中民校读完小学，陶绍渊在家访时得知他因缴不起学费而面临辍学，就带着他一起回到九江，在光华中学就读。抗战胜利后，俞贵方从国立师范学院回到上海，从事地下革命工作，并加入中国共产党。陶绍渊的另一位学生桂镇南（后更名为杜宣）后来加入中国共产党，长期从事文艺工作，是著名的革命文艺作家，1949年后成为中国作家协会上海分会书记处书记。他非常尊崇陶绍渊，在恩师100岁生日前夕，专门写信来表示感谢："咫尺暌违，如隔万里，人生如梦，瞬息百年。先生秉性淡泊，毕生诲人不倦，堪为一代师表。"

1930年，成功完成了九江光华中学组建任务的陶绍渊，应时任上海光华大学附中主任（校长）的廖世承之邀，回到上海光华大学附中，担任地理教师，后兼任社会科主任。他追随廖世承先生致力于教育实验，创办学校课外社团——励志社。他从地理教育的角度出发，引领学生们积极参加实践活动，希望他们能站在国家、民族的高度，立志为国，用毕生所学为国服务。这个与国民党的励志社机构没有任何关系的学校社团组织，却因名称上的原因，后来演出了一桩历史冤案。其时，光华大学附中的励志社部分成员曾因积极开展爱国教育活动，被国民党上海市党部当做共产党嫌疑，险些被捕入狱。

陶绍渊在上海光华大学附中的许多学生后来都成为社会的栋梁，如姚依林、李储文、刘达人、任嘉尧等。

李储文从光华大学附中毕业后，考入上海沪江大学，长期从事基督教青年会的学生工作。1941年太平洋战争爆发后，他离沪前往昆明，在西南联合大学主持学生服务处的工作。新中国成立后，他广泛从事社会与外事活动，历任世界和平理事会主席团成员、上海市人民政府外事办主任、新华社香港分社副社长。他曾回忆陶绍渊在光华大学附中教书时的一些轶事：

> 陶先生在光华大学附中教书，担任地理教师，住在学校宿舍楼底层右侧小屋。我们去请教、交作业，就在那间房子。他教书与众不同，把学生看做是他的子弟，当做他的朋友；学生们都把他作为自己的尊师益友，关系很亲切、很接近。他教地理时不照本宣科，而是结合实际，不仅在课堂讲，而且组织大家到外地参观。记得我们去过宁波、南京，回来后，他结合参观的实况跟地理课堂教学结合起来。现在我回想起来，这好像是一种立体教学。陶老师一生坚持教育事业，坚持做老师，传道、授业、解惑，他都做到了，我都有切身体会。这样的坚持太不容易了，现在的老师不易体会。
>
> 抗战时，陶老师在西南联大教书，那时生活非常困难。因为子女多，加上通货膨胀，家中断炊之事常常发生。那时，我在西南联合大学基金会干事学生服务处工作，支持民主事业，也帮助部分老师解决些生活困难，其中也常为陶老师提供帮助。
>
> 陶老师一生坚持教育的辛苦是现在学生不大能体会的。当时有人弃教经商从政，但他从无此意，坚持传道、授业、解惑之教育工作。至今我回忆起来非常感动。
>
> 陶老师很热心帮助学生解决困难，也包括我。抗战时，我在昆明工作，要经常到重庆向周总理汇报工作，交通非常困难，飞机票非常难买。陶老师认识航空公司的人，我多次在他的帮助才得以去重庆。
>
> 陶老先生一生坎坷，能有这样的成就，很不容易。

刘达人是光华大学附中1937届毕业生，曾为励志社的成员，参加学校举行的英语演讲比赛，获得第一名。陶绍渊赠他一本英文版的《世界地理》，影响了他的一生，促使他最终走上外交舞台。他一生中最难忘的有两位老师，其中一位就是陶绍渊。

任嘉尧于1937年6月从光华大学附中毕业，1938年到上海《文汇报》编辑部工作，是《文汇报》第一代报人，新中国成立后任上海《文汇报》要闻编辑，兼香港《文汇报》驻上海特派记者。他在谈到和陶绍渊的师生缘时说："在有爱国主义传统的光华，陶老师配合廖世承先生的教育实验，注重学生德智体全面发展，并发起课程作息改革运动。陶先生学者气质浓厚，爱国主义思想强烈，在教学方法上重视启发，而非灌输，运用多种测验方法，所发明的暗射地图也是当时首创。"

二、国难当头　献身地学

20世纪30年代，是中国地理学发展较快的一个时期，很多日后的地理界学术巨擘大都在这时崭露头角。这个时期，陶绍渊和张其昀、胡焕庸、褚绍唐等老一辈地理学家于1936年在上海共同创办了上海地学会，网聚学界名流，为地理学研究提供了一个重要的学术交流平台。

陶绍渊很早就接触到魏源的《海国图志》和洪波德、李特等欧美著名学者的著作，他对比西方与中国的地理科学，认识到中国地理学术研究的落后。他想，如能掌握西方地理科学的前沿动态，改变国内地理学的落后状况，将有利于国内资源的开发，有利于提高国人的爱国热情，便于1937年赴美国芝加哥大学地理系攻读硕士研究生。当时的芝加哥大学是世界社会学、地理学的学术中心，在人文地理学，特别是城市地理学研究方面，对学术界有重要影响；当时的芝加哥学派倡导从人类生态学的角度考察经济和社会因素对城市土地利用的影响。陶绍渊就是在这样一种学术氛围中完成他的硕士学历教育的，他用了一年时间，完成了硕士学位论文《长江下游三省一市的人口分布》（*The Distribution of Population in the Three Lower Yangtze Provinces*），内容是运用航空照片分析江苏、浙江、安徽、上海的人口分布。文中用到的航空照片和人口分布统计数据在当时很难找到，是他妻子从上海图书馆查到的，其中人口数据来自由国民政府内政部编纂和出版的1935～1937年的统计年鉴、1934年的《中国经济公报》和《经济统计》、1932年的《内政部公报》和

《安徽省公报》等，航空图片资料来源于美国航空队最早在长江三角洲地区航拍的图片，从中亦可略窥当时远在美国的陶绍渊进行学术研究的艰难。由于他的论文立意独特、内容新颖、学术价值高，被英国皇家地理学会评为A等优秀论文。这篇论文开创了将中国地理研究与航片等先进的科技手段相结合的先河。其重要价值在于对当时中国国情的深刻认识，对中国东部区域自然、人文、经济发展等有很细致的洞察和准确的反映，以及对人口和农业生产乃至地理环境之间的关系的阐释，在一定程度上揭示了区域经济发展不均衡的根源。这篇论文用大量的篇幅分析了长江三角洲的区域环境、人口特征、经济发展方式，确认了该区域在食品供应、人们生活水平、工商业发展等方面都领先于国内其他地方。陶绍渊早在上世纪30年代就关注了长江三角洲这块热土，是难能可贵的。

1939年，陶绍渊又到美国克拉克大学攻读博士学位。适逢日寇发动侵华战争愈演愈烈，得知二哥陶贤望惨遭日寇杀害，悲愤之下，他放弃还差几个月就可完成的博士学位，毅然于当年10月回国。回国后，他离开日寇占领下的上海，奔赴湖南省安化县蓝田镇，任教于国立师范学院地理系。

抗战期间，我国北方大片领土为日寇占领，华北能源基地沦陷，北煤不能南运，西南后方的国防工业及交通运输部门发生"煤荒"，急需烟煤。而据当时专家推测，粤汉铁路沿线分布有大量煤田。1943年8月，陶绍渊应粤汉铁路管理局的聘请，考察粤汉铁路沿线的经济、资源分布情况。他历时四个月，足迹遍布湖南、赣南、粤北。为了了解这些地方的矿产资源，特别是烟煤矿的分布，他亲至矿山，涉足井内，逐一考察，拜访有关地质与采矿专家、各矿区曾任或现任主管，搜集资料。这次考察得到了当时学界和政界的支持：所用的军用地图就是李四光赠送的；考察队在赣南调研时，蒋经国还专程到陶绍渊下榻的住地探望。

陶绍渊对粤汉铁路沿线的十个烟煤矿区的位置与交通、地质与地形、煤量与煤质、生产与转运做了详尽的实地考察和分析后，于1944年1月向粤汉铁路管理局提交了《粤汉铁路沿线之烟煤矿》的调查报告。在这份报告的结论中，他对沿线各矿区未来发展的有利基础和困难作了论述，认为各矿区因停产或受种种条件限制，距理想的生产情形尚远，为了解决目前西南后方的煤荒及战后西南各地工业建设和交通运输大规模发展所需的燃料问题，应采取两项措施：一是挑选具有发展前途的烟煤矿，充实它们的资金和设备；二是恢复曾经开采而现在停闭的烟煤矿。这份报告对当时后方的能源开发与建设起到很大的作用。在那条件十分艰辛的年代，这是一份难得的经济地理调查报告。

王　烈　谭锡畴　袁复礼　孙云铸　冯景兰　张席禔　王恒升　张印堂
陶绍渊　李宪之　洪　绂　赵九章　钟道铭　林　超　鲍觉民　米　士

抗战胜利前，陶绍渊一直奔波于国立师范学院和西南联合大学之间任教。1944年6月，日寇距安化县蓝田镇仅70千米，国立师范学院师生纷纷请求校领导让学校迅速迁离蓝田，但关于新校址，莫衷一是，各执己见。在这种情况下，学院于6月20日召集紧急院务会议，决定从21日起先停课疏散，并派陶绍渊、朱有瓛两位老师赴湖南省新化县商洽疏散地点。此后，国立师范学院大部分师生陆续撤离到湘西。

三、经历坎坷　顽强豁达

经历艰苦的抗战年代，1946年夏，陶绍渊和夫人带着四个生病的孩子先后回到上海。四岁的小女儿因患脑膜炎不治身亡，其余三个孩子也都得了结核病，几乎天天去医院治疗。因物价飞涨，陶绍渊每月需预支薪金，拮据的他只好到三所大学和一所中学上课，以维持全家生计。中华人民共和国成立后，他对新中国抱有很大期望。不料，在镇反运动中，他被怀疑在圣约翰大学工作期间与当时的外国校长关系特殊，家中遭搜查；后来在教师思想改造运动中，被免除了大学教授的职务，仅保留了圣约翰中学（后合并至五四中学）教员之职。

1954年，他被证明是清白的，调到新成立的上海师范专科学校地理科，任主任，后又到上海第二师范学院工作，任地理系副系主任，并主持工作，兼九三学社上海第二师院负责人。1954年，学院在市区分配给他一套四间单元房，他却放弃了，而搬到了位于郊区的单位住。"反右"运动时，他被错划为右派，降职降薪四级，被安排到学院图书馆做编目工作，直到退休。子女也受他右派成分的牵连，女儿被调离原岗位，儿子被停职待用。他的心情非常沉重。

从"反右"运动到"文化大革命"，陶绍渊一家的住房从四间减到三间，再减到两间，最后减为一间。红卫兵还说剩下的那间房朝南，太优待他了，遂将他们一家赶到了朝北的一间小屋。陶绍渊本人受到陪斗、抄家、打扫厕所、停发工资等处罚，儿女们也受到不同程度的冲击。一天，他被红卫兵从家里抓走后一直未回，陶夫人因担心他的安危而服药自杀，幸亏被及时送到医院才逃过一劫。从此以后陶绍渊坚强地陪伴精神错乱的妻子达23年之久。

20世纪70年代，陶绍渊的侄女从海外归来探亲，单位领导考虑到国际影响，同意他将同单元的一间南屋布置成客厅。侄女走后，领导给他留下了那间房子，陶家才又有了两间房子。

　　1979年平反后，陶绍渊一心想着为国家、单位做些力所能及的事情，为上海师院地理系的恢复而到处奔波。他总是感激关心过他的人，而忘掉那些伤心的事。虽然一生遇到很多挫折，他还是很乐观豁达，大家经常看到他一大早打扫楼道和楼门前的空地。94岁高龄时，他不幸股骨骨折，手术后顽强地练习走路，虽然需要拄着拐杖，还直不起腰，但还是走到了101岁。

四、地理教育　终生事业

　　陶绍渊从大学毕业后至1937年去美国深造，一直在九江光华中学及上海光华大学附中教地理课。1939～1946年，他先后在国立师范学院及西南联合大学从事地理教学工作；1946～1954年，他先后在复旦大学、大夏大学、圣约翰大学及圣约翰大学附中（后为五四中学）教地理课程。在后一个阶段，他发表了一篇题为《航空时代的北冰洋》的论文，提出跨越北极的洲际航线必将通航。当时"北极中心论"才刚刚引起学术界的关注。陶绍渊在论文中还提出了新的"地缘经济"、"地缘政治"观点。半个世纪后，当他听到我国东方航空公司的班机飞越北极直航芝加哥的消息时，兴奋不已。1954年9月，他被调到新建立的上海师专地理科，不久又受命组建上海第二师范学院地理系，并主持全系的工作。陶绍渊终生从事地理教育工作，在这一领域他有两大特点值得后人记住。

　　一是无论在中学还是在大学从事地理教育，陶绍渊一贯坚持理论与实际并重的教育理念。他认为在教学实践中，面对的是千差万别、千变万化的活人，必须利用科学理论和灵活的教育方法去改进自己的教学，不让学生死记硬背，在教学中应重启发，而非灌输。他利用课余时间自制模型，编制形象生动的空白地图，带学生到野外去实践，进行形象教学，加深学生对地理知识的记忆和理解，教学成绩斐然。在择师苛求的光华大学附中，陶绍渊一直受到校长廖世承的赏识。在他们两人的共同努力下，该校成为当时上海教学质量最好的三所中学（省立上海中学、南洋模范中学与光华大学附中）的地理园。作为地理园的领头人，陶绍渊首先在上海师范学院建立了一个气象天文观测站，后来又组建了上海师大附中气象组，并在上海师大附中对面建立一个气象信息发布牌，社会反应很好。

王　烈　谭锡畴　袁复礼　孙云铸　冯景兰　张席禔　王恒升　张印堂
陶绍渊　李宪之　洪　绂　赵九章　钟道铭　林　超　鲍觉民　米　士

二是为上海师大的地理教育事业鞠躬尽瘁。1954年，陶绍渊受命组建上海第二师范学院地理系。他认为办学宗旨再明确，课程设置再系统，教学设备再完善，若没有好的教师，很难成功。当时他一方面在校外物色好的老师，一方面注意校内年轻教师的培养。在新来的年轻人面前，他从不摆资格，是同事们谦虚、可亲、极易相处的良师益友。柴本源老师于1957年被错划为右派，想从北京地质学院（现中国地质大学）调入上海第二师院地理系，陶绍渊便积极向学院领导推荐，终于让他成行。得知柴老师所授地质构造学课程运用了当时刚翻译过来欧美学派的前沿资料时，陶绍渊非常高兴，甘冒风险，鼓励柴老师继续应用先进的西方学术理论搞好教学工作。这在当时是十分可贵的。

"文化大革命"期间，上海师院被取消建制；1979年，上海师院复校，但地理系已不存在。陶绍渊为了让地理系复系，便向上级写下了"爱国主义与地理教育"的建议，提出地理教育可让学生熟识疆土，关注国情；了解世界，对比异同；地理教育可激励学生为民服务，为国争光，是爱国主义教育的重要组成部分。20世纪80年代初，他又奋笔写下"社会主义中国需要地理科学"的建言，提出中学教育需要地理科学，爱国主义教育需要地理科学，环境教育需要地理科学，社会主义建设需要地理科学。他不仅口头呼吁，还付诸行动，虽年近80高龄，还与段绍伯等老师一起四处奔走，去上海市高教局等部门反映情况。在他的努力下，上海师院地理系在1984年得以复系。

陶绍渊教授（右五）与同行在座谈

陶绍渊虽于1975年在上海师院办理了正式退休手续，但地理系恢复后，他几乎每个星期都到系里来，过问教学与学科建设情况，为该系的发展出谋划策。当时地理系地处学院第一教学大楼西部一隅，空间狭小，若要继续发展需要新的教学场所。1988年，85岁高龄的陶老先生经常自出路费、自带干粮，前往当时的上海市教育局、高教局为地理系筹备建楼款。不管刮风下雨，他都坚持不懈。有时局领导在开会，他就站在会场外面一直等着，饿了就吃自带的干粮。有关部门终于被他为地理教育事业无私奉献、不图己私的精神所感动，批准了建造上海师大地理系大楼的拨款申请。

五、潜心编目　关注未来

从1958年始，一直至1975年退休，陶绍渊整整在上海第二师范学院、上海师范学院图书馆工作了17年。在此期间，他不但完成了馆中的外文编目，而且始终关注着世界地理科学发展前沿的书目整理。无独有偶，他在芝加哥大学的同学哈里斯（历任美国地理学会主席、世界地理联合会副主席）同样也以地理文献学研究著称于世，用他们两个人的话说：地理科学书目整理是铺路的基础工作。1979年芝加哥大学创立75周年之际，校方曾邀请陶绍渊去美国参会，该校校刊上还特别刊登了陶教授应邀的消息。但因种种原因，陶绍渊未能成行，失去了与老友重逢的机会。

在图书馆多年的外文编目工作中，陶绍渊的学术视野也得到了新的拓展。他对国外地理研究领域的前沿发展有了更多的把握和认识，逐渐认识到地理学对中国经济发展的重要作用和中国地理学研究的落后现状。他非常前瞻性地将地理科学的思想向环境科学发展延伸。他和学院环境保护室的李景锟教授不约而同地提出了软硬结合、从实践中出人才的发展模式，促成了学院领导答应建立环境科学与工程研究所。

1990年，上海师大地理系刘德生教授应邀去北京参加中国地理学会理事会，会上他宣读了陶绍渊嘱托提交的一份关于地理科学领域发展的建议。这份建议特别强调地理分支学科之间、人文地理与自然地理之间的综合研究，受到与会者的赞同。

1992年邓小平发表"南巡"讲话以后，陶绍渊敏锐地感觉到中国的社会经济将会有一个新的发展高潮，城市将是这个高潮的中心。在纪念廖世承诞辰100周年的座谈会上，年近九十的陶绍渊提出，在研究与继承廖世承整体教育思想的基础上，加强城市教育的理念，并呼吁把上海师范大学地理系发展为城市学院。

1993年，陶绍渊的小儿子陶康华以上海城市科学研究会学术委员会负责人的身份，代表上海市科协出席在美国旧金山召开的环太平洋都市发展会议暨第三届世界绿色计划会议。芝加哥城市地理学派的首领哈里斯教授专程前来接机。陶绍渊托儿子将自己有关现代长三角航空技术领域的最新研究资料交给他。

2000年春天，中国地理学会人文地理专业委员会为纪念李旭旦先生在创建人文地理学科上的功绩，在南京举行了纪念年会。作为李老的故友，陶绍渊叫儿子康华撰写了《中国人文地理的历史使命》一文，作为给大会的贺信和建议。该文特别强调了地理科学在自然科学与人文科学之间打破隔膜、缩小鸿沟的桥梁作用，以及在中华民族伟大复兴的历史转折关头的神圣使命。

退休后的陶绍渊还一直关注上海师大地理系的学术建设。该校城市与旅游学院院长、地理系学科带头人白光润教授在2003年2月8日陶先生百岁诞辰座谈会上的发言中谈到："他（陶绍渊）利用在国内外学术界的广泛联系，努力扩大上海师大的学术影响……提出加强城市研究、注重地理实践、强调学科融合等有益建议；用致信致函的方式积极参与国际性、全国性的地理学术活动，亲自参加地理系及城市与旅游学院的重大学术活动，提出许多有益的建议……陶绍渊先生是上海市地理科学的先驱者之一，是与李四光、竺可桢、任美锷、胡焕庸等地学老前辈同时代的人。

陶绍渊教授（前排中）百岁寿辰暨从教75周年座谈会

他对上海师大的地理教育事业做出了重要基础性的贡献，也为城市与旅游学院的发展做出了许多有益的工作，我们为有这样的百岁老前辈而感到无限光荣。"

六、百年回顾　九州盼同

陶绍渊先生一生跟随我国高等师范教育的拓荒者——上海师范大学创始人廖世承先生，从任教光华大学附中起，到蓝田国立师范学院，再到上海师范学院，前后三十余年。

1992年，九旬老人陶绍渊亲赴北京，同时任国务院副总理的姚依林（曾名姚克广）、中纪委书记尉健行、北大历史学家张芝联、外交部前辈和致公党中央副主席杨纪珂等光华大学附中的学生见面、通话，促成纪念廖世承诞辰一百周年纪念活动的圆满完成，并推进了海峡两岸教育界的沟通与联系。姚依林副总理看到陶老带来半个多世纪前光华附中校刊上登载他的译作《人权》时，感动不已，破了从来不题词的规矩，答应了先生的请求，写下了"向教育家廖世承先生学习"的字幅。

百岁的陶老，尽管视力减退，以至报纸、电视都难以看清，但仍关注国事，特别是关注台湾民众，关注上海师大地理科学的发展。当他接到得意门生刘达人的书信及故友张其昀之子台湾文化大学张镜湖夫妇到杭州开会捎来的唐装时，眼中饱含着欣喜的泪花——那是一颗老人的心，一颗不愿做陆放翁"但悲不见九州同"的赤胆忠心！

陶老一生正如其知音、上海师范大学原党委书记刘克同志为他诞辰一百周年题写的条幅所云："你人比山高，你脚比路长，你心比天空宽广；你从大清帝国没落中走来，迎来了中华民族腾飞的辉煌。"

（钱洛阳执笔　陶康华、周国祺指导）

陶绍渊简历：
1903年2月5日　出生于江西省九江市星子县。
1919~1923年　九江圣约翰中学读书。
1923~1927年　武昌文华大学教育学系读书。

1927年　上海光华大学附中地理教师。

1927~1930年　九江光华中学地理教师兼训导主任。

1930~1937年　上海光华大学附中地理教师兼社会科主任。

1937~1939年10月　留学美国，先后在芝加哥大学、克拉克大学攻读硕士、博士学位。

1939年11月~1941年7月　在国立师范学院地理系任副教授。

1941年8月~1943年7月　在西南联合大学师范学院史地系任副教授。

1943年8月~1944年1月　在粤汉铁路沿线进行经济、资源考察。

1944年2月~1944年12月　在国立师范学院地理系任教授。

1945年1月~1946年7月　在西南联合大学地质地理气象学系任教授。

1946年8月~1948年7月　在复旦大学地理系任教授。

1946年8月~1951年7月　在上海大夏大学地理系任教授。

1947年8月~1952年7月　在上海圣约翰大学地理系任教授，兼任圣约翰大学附中地理教师。

1952年8月~1954年7月　在上海市五四中学任地理教师。

1954年9月~1958年　先后在上海师专地理科任主任，上海第二师范学院地理系任副系主任（主持工作）。

1958~1975年　上海师范学院图书馆工作，直到退休。

2003年11月23日　病逝于上海。

本文参考文献：

1．陶绍渊：《航空时代的北冰洋》，大夏大学学报。

2．光华大学暨附中校友会编：《光华精神光华人——光华大学暨附中建校80周年纪念集》，2005年。

3．陶绍渊：《粤汉铁路沿线之烟煤矿——经济地理调查报告之一》，1944年。

4．《廖世承教育思想研究——纪念教育家廖世承诞辰一百周年专辑》，《教育与管理》，1992年。

5．白光润：《陶先生百岁诞辰座谈会上的发言》，2003年。

我国气象学界一代宗师
——著名气象学家、气象教育家李宪之教授

李宪之,气象学家、气象教育家,我国近代气象科学研究与气象高等教育的开拓者和奠基人之一。九三学社社员。20世纪20年代,他参加西北科学考察团,开我国野外气象考察之先河;30年代发表的《东亚寒潮侵袭的研究》、《台风的研究》等论著,是世界上研究寒潮和台风的奠基性、经典性著作,在国际气象学界产生广泛而深远的影响;50年代后,致力于旱涝灾害的气象研究,出版《季节与气候》、《论台风》、《降水问题》等专著。长期从事气象高等教育工作,先后在清华大学、长沙临时大学、西南联合大学、北京大学任教,培养出大批优秀的气象科学人才。

李宪之

李宪之,字达三,1904年9月26日出生于河北省赵县南解疃。1924年毕业于保定直隶高等师范附属中学,同年考入北京大学理预科,1926年升入北京大学物理学系。1927年考取中国西北科学考察团气象生赴西北考察。1930年赴德国柏林大学学习,因学习成绩优异,1934年获哲学博士学位,后进行博士后研究两年。1936年回国,应聘任清华大学地学系专任讲师,一年后升任教授。1937年抗日战争爆发后,清华大学南迁,与北京大学、南开大学合组长沙临时大学;1938年2月再迁云南昆明,更名为西南联合大学,李宪之任地质地理气象学系教授。抗日战争胜利后,1946年夏清华大学复员北平,10月,地学系中的气象组独立出来,设立气象学系,李宪之任气象学系教授、系主任。1952年全国高等学校院系调整,清华大学气象学系被调整为北京大学物理学系气象专业,李宪之任教授、大气物理教研室主任,逐

渐将精力集中于地学类各领域的科学研究。

1950年，李宪之任北京市气象学会首届理事长；1951~1958年，任中国气象学会常务理事；1955~1958年，任《气象学报》编辑委员会主任。

一、踏上科学之路

1927年春，北伐军攻克了武汉等重镇，北大许多热血青年都向往投入革命战争。李宪之与其他几个同学正酝酿去广州报考黄埔军校，他们认为这样一方面可以投身革命，另一方面亦可解决生活拮据的困境。正在这时，在北京大学贴出一张布告，招考学生去内蒙古、新疆等地参加科学考察，李宪之报了名。在录取的学生中，有3人是北大物理学系的学生，其中包括李宪之。考上了西北科学考察团，李宪之非常高兴。

中国西北科学考察团是由中国学术界与瑞典探险家斯文·赫定博士合作组织的，是进行地质调查、古生物标本采集、考古发掘，以及地球物理、气象和水文观测等多学科、大范围科学考察的团体，成员除中国人外，还有瑞典人、德国人、丹麦人。外方团长是斯文·赫定，中方团长先由北京大学教务长徐炳昶教授担任，1928年12月起袁复礼任代理团长。考察团出发前，北平文化教育界、地质调查所、北京大学等单位举办了送别宴会。李宪之在考察期间兢兢业业地工作，一心要与团里的德国人、瑞典人和丹麦人比个高低，在列强看不起中国人的情况下为国人争一口气。他的工作也确实受到了考察团其他成员的称赞。

考察团于1927年5月9日从北平出发，乘火车到包头。李宪之从此踏上科学之路，开我国野外气象考察之先河。第一站选点在包头以北的哈纳河畔，李宪之做地面气象观测和高空气球测风等工作。不久，他随徐炳昶团长在内蒙古西北部居延海进行了一次环湖水文、气象考察。当时团内负责气象工作的是德国人郝德（Dr. W. Haude），从1928年起，李宪之随他在新疆的哈密、乌鲁木齐、若羌及青海的铁木里克等地建立了多个气象站。郝德工作认真，要求严格。李宪之不怕艰苦，工作与学习都非常努力，每天定时做气象观测，从不间断。郝德对此非常满意。1928年6月，郝德与李宪之来到塔克拉玛干东部的若羌，先在地势平坦的水渠边建了一个气象站，后又在附近的山上建了一个高山气象站。李宪之每天山上山下观测四次，郝德对他的工作很放心，常夸奖说："中国人确实是好样的！"郝德于当年9月离开若羌，去青海柴达木盆地西北部的铁木里克建站，将若羌的气象站交给李宪之一人管理。铁木里克的气象台站建成后，郝德又要李宪之去替换他的工作。这期间，李宪之在若羌、铁木里克之间往返四次，四次途经罗布泊，工作异常紧张和艰苦，受到郝德异乎寻常的信任和重用。

1928年10月23日，一股强冷空气由北冰洋向南奔驰，25日开始侵入新疆，26日越过阿尔泰山、天山、阿尔金山。李宪之在铁木里克观测到地面气温迅速降低，气压大幅升高，高空风向转成北风的高度逐渐降低，从25日的5千米，变为27日的2千米，测试气球进入密布的积云层。这时，地面的狂风摧毁了考察团的帐篷和蒙古包，风速仪达到最大值33米/秒后被吹坏。观测不能继续，李宪之只好将风暴过程和物品损失情况作为气象实况记录下来。这场狂风袭击，坚定了李宪之后来从事寒潮研究的决心。

考察团成员经常骑着骆驼行走在戈壁、沙漠之中，在人迹罕至的荒漠中进行地质、测量、天文、考古、古生物、气象、水文等多学科综合考察，一路经受饥饿、干渴、严寒或酷暑以及狂风、暴雪、冰雹等恶劣天气的困扰；有时骆驼因饥饿、劳累而倒毙，考察团员只能徒步前行，每到一处，他们要自己架设帐篷，砍树制作木筏漂浮于河中进行水文、气象观测。途中经常遇到土匪抢劫或地方官兵的阻挠、袭击。起初外国团员看不起中国人，经常用污辱性的言词刺痛中国团员的心。面对

1927~1930年中国西北考察团部分人员合影。左三为李宪之，右三为袁复礼

王　烈　谭锡畴　袁复礼　孙云铸　冯景兰　张席禔　王恒升　张印堂
陶绍渊　**李宪之**　洪　绂　赵九章　钟道铭　林　超　鲍觉民　米　士

这种情况，以李宪之为代表的中国年轻团员振作精神，知难而进，处处要比欧洲人做得好，工作效果都非常不错，打消了外国团员的傲气。外国团员普遍称赞中国团员的工作精神和学习热情。李宪之一生所具备的奋发图强的爱国主义精神、勇于探索的科学精神、锲而不舍的敬业精神，以及与同行相处精诚无间的协作精神，都与在考察团中经历的艰苦磨炼有关。

二、写出世界气象学史上的名著

在西北夜以继日工作了三年以后，李宪之于1930年经郝德博士推荐，赴德国柏林大学深造。在回忆参加西北科学考察团和在国外学习和工作的往事时，李宪之后来写道："从二十二岁起，我就立下了'埋头苦干和外国人竞赛'的志愿。（在新疆）与外国人一起工作三年，在德国学习工作六年多，一直抱着这种志愿，和德国人进行默默无闻的和平竞赛……"正是由于立下了这样的志愿，在德国期间，他学习非常勤奋刻苦，休息时间很少去看电影或参加晚会，把时间都用在学习和工作上。他不但听气象学课程，也学习海洋、地质、天文等各方面的知识。当时的德国正处于第一次世界大战后的发展时期，云集着众多世界一流的科学家，李宪之在柏林大学听过著名物理学家爱因斯坦等教授的讲课或讲演，这为他后来的科学研究打下了坚实而广阔的理论和实践基础。他整理研究在西北考察时收集到的资料，发表了多篇有价值的学术论文，其中包括《塔克拉玛干沙漠对若羌天气的影响》一文。该文指出了沙漠对风向、风速的影响以及冷空气活动对天气的影响，修正了前人所谓的中亚没有一般气旋的看法。

由于学习成绩优异，李宪之的科学研究很快取得成果，1934年，他出色地完成了博士论文《东亚寒潮侵袭的研究》。该文揭示了寒潮的发源、入侵路径、展布范围等诸多活动规律，给出了几条寒潮侵袭东亚的主要路线，为我国后来的寒潮路径预报奠定了根基。由于国内气象资料缺乏，李宪之在文中采用欧洲、亚洲、大洋洲和太平洋的高空探测资料，依据稀少的实测记录作深入分析，指出侵袭东亚的强烈冷空气，一直可以从北极地区越过亚洲，穿过赤道，到达印度尼西亚的雅加达和澳大利亚的达尔文港，造成暴雨和大风等恶劣天气。这一论断突破了当时流行的"赤道无风带不可穿越"的气候概念。李宪之的导师冯·费卡（V. Ficker）当面给予他

"是突破性的,超过了我和邵斯塔考维赤的工作"的高度评价。李宪之的这一发现,有人赞叹、惊讶,有人怀疑、反对,当时美国和日本的有关气象书籍引用了《东亚寒潮侵袭的研究》一文的主要章节。20世纪30年代,李宪之所给出的东亚寒潮侵袭我国的几条主要路径,一直为我国气象预报员沿用。

1936年,李宪之的另一篇具有独创性的论文《台风的研究》在德国柏林大学《气象集刊》上发表,这是他做博士后研究时撰写的文章。在当时气象记录十分稀少的情况下,他巧妙而又令人信服地利用天气及各种气象要素的变化,指出北半球西太平洋上台风的生成和发展与来自南半球强冷空气的侵袭有关,它也是东亚诸国夏季台风的主要成因;依照同样原理,北半球强烈寒潮的侵袭也应该在南半球激发台风的生成。这一论点为后来日益丰富的观测资料所证实,并开拓了南、北半球间天气系统相互作用的新领域。这篇论文发表后在国际气象学界产生了广泛的影响,好几位著名气象学家或深入钻研并进一步发展了李宪之的论述,或以实例论证李宪之观点的正确性,如日本荒川秀俊的《南北太平洋热带飓风的发生与另一半球寒潮的关系》(1940)。1958年,上海中心气象台陈锡璋等人根据李宪之的理论,利用南半球冷空气的爆发,预测西北太平洋台风的生成及其移动路径,结果取得了可喜的成绩。20世纪60年代末卫星云图的出现,完全证实了李宪之教授这一发现的正确性。在《台风的研究》一文中,李宪之还从观测到的气象资料中综合出台风有"眼",并给出了气象学史上第一张台风眼结构图。1940年,德国气象学家诺特(Nothe)称之为"李氏台风眼结构模式"。

《东亚寒潮侵袭的研究》和《台风的研究》,提出了预报寒潮和台风的理论依据,是气象科学史上两篇划时代的著作,是后人研究寒潮和台风的奠基性、经典性的著作。一些学者将李宪之所创建的理论写入自己所编的教科书中,如美国B. Haurwitz 的 *Dynamic Meteorotogy*(1941),日本荒川秀俊的《天气分析》(1944),中国朱炳海的《气象学》(1946),德国R. Schechag 的 *Wetter Analyse und Vorhersage* (1947)等。李宪之为中国的气象科学赢得了世界性的声誉,他是载入外国气象教科书的第一位中国人。上述两篇文章原以德文发表,中译文刊载于中华人民共和国成立初出版的《中国近代科学论著丛刊——气象学(1919~1949)》一书中。

70多年来,李宪之所发现的寒潮、台风的活动规律不断被日益增多的地面、高空气象资料和气象卫星观测资料所证实,并且在天气和气候的实际工作中得到广泛应用。

三、学高德劭的气象教育家

九一八事变后，日本帝国主义加紧了对我国东北和华北等地区的侵略活动，当时在德国的留学生中展开了如何为国效力、拯救祖国的讨论，有人主张立即回国拿起武器参加战斗，有人主张要抓紧时间学好本领，早日回国以现代科学技术来振兴祖国。在这样的背景下，1936年李宪之婉言谢绝了德国朋友的好心挽留与高薪聘请，毅然回到灾难深重的祖国。

回国后，李宪之任清华大学地学系专任讲师，讲授内容截然不同的三门课程：气象学、理论气象和天气预报。次年升为教授。抗日战争爆发后，李宪之随清华大学南迁，任长沙临时大学、西南联合大学地质地理气象学系教授。他的教学任务很重，开设的必修课有气象学、理论气象、气象观测、天气预报，选修课有气候学、世界气候、航空气象、海洋气象、农业气象、地球物理、天气图实习、中国天气等课程，每学期都有五六门课程，另外还应云南大学之聘，到该校农学院讲授气象学。抗日战争胜利后，他到成都为空军气象训练班第七期学员授课，并开出新课程——热带气象学。在中华民族遭受深重灾难的时期，西南联合大学的教授们生活极其清苦，但李宪之胸怀民族大义，毫无怨言，把艰难困苦当做对自己的锻炼。他承担着超负荷的工作，克服物资匮乏等不利因素，坚持完成气象教育事业。

李宪之授课善于联系实际，喜欢从自然界的许多现象中找出其内在联系，提出新观点。课堂内外，他总是强调要"广联系，深思考"。他平易近人，对学生谆谆教诲，循循善诱。他重视实践，安排学生到气象台、测候所去参观和实习，并把它作为必修课。由于在西北科学考察时积累了丰富的野外工作经验，遇到教学仪器缺乏时，他善于教导学生用"土法"观测。他指导学生做论文时，常亲自带领他们去找资料，向他们讲解怎样查阅和引证文献，并对论文初稿逐字逐句地斟酌。在教学任务极其繁重的情况下，他还与袁复礼、赵九章、张席禔等教授一起讨论地学方面的科研规划问题，先后完成了《几个地学问题的研究》、《气压年变型》等论文。

1946年夏清华大学迁回北平，并成立了气象学系，李宪之任该系教授、系主任。他除了承担繁重的教学任务外，还要统筹气象学系的全局工作，首先要抓教师队伍的建设，克服当时师资力量不足的困难。他安排三位讲师、助教相继出国深造，每年在优秀毕业生中选留新助教，为的是气象学系师资队伍的长远建设。其次是设法改善系里的教学条件，增加仪器设备和图书资料。他建立了气象观测、天气学和气象仪器三个实验室。为便于理论联系实际，在他的努力下，当局恢复了清华大学气象台的观测工作，学生可利用它制作天气图，发布华北地区的天气预报。

李宪之洁身自好，安贫乐业，不计个人名利，又富有正义感。新中国成立前夕，清华大学气象学系的工友张文治被怀疑是中共地下党员而被捕，李先生面对白色恐怖，不顾自身安危，多次到国民党特刑庭要求保释张文治，并到监狱探监。当时，他已准备好去瑞士作科研访问，为了做好营救工作，他一再延迟行期。直至北平解放，张文治出狱，可李先生的出国行期也被取消。为了迎接北平的解放，他积极参加了清华大学师生的护校工作。1948年12月13日晚，国民党军队强行冲入清华园，一个炮兵营长来到学校气象台，要求在其顶上架设大炮，准备轰击解放军，负隅顽抗。李宪之挺身而出，以无畏的气概拒绝炮兵营长的要求，并严肃指出："教育重地，决不可作军事设施来架大炮；气象台有许多贵重仪器，决不能被战争破坏。"炮兵营长纠缠了很长时间，最后见李宪之态度坚决，便无奈地走了。李宪之还不放心，就与两位年轻教师一起守卫气象台到深夜。两天后，中国人民解放军进驻海淀，清华园解放。

新中国成立后，李宪之更加积极地工作，使清华大学气象学系不断发展壮大。1950年，他聘请刚获美国博士学位的谢义炳到系任教；为了使教学、科研与气象服务工作紧密结合，他邀请联合天气分析预报中心主任顾震潮、中央气象局局长涂长望到系内兼课。1952年全国高等学校院系调整，清华大学气象学系撤销，在北京大学物理学系建立气象专业。当年，为适应国家建设之急需，北京大学气象专业招收新生100名，是以往清华大学气象学系招生数量的10倍，其中50人读四年制本科，50人读两年制专修科。承担这么艰巨的任务，全赖李宪之在清华大学气象学系奠定的坚实基础。当时他还不满50岁，可为了让年轻人成长起来，他决定退居二线，并推荐年轻有为的谢义炳担任物理学系副系主任兼气象专业主任，自己担任大气物理教研室主任，并讲授气象学、气候学等课程。

早在西南联合大学期间，学生就把李宪之教授比做"慈母"，因为他对自己的学子和系里的工作人员无不宽厚慈蔼，关怀备至，对患病或有困难的同志更是体贴入微，亲自到宿舍或医院去探望。李宪之奖掖后进，诲人不倦，对登门求教的学者、教师总是耐心指点。他鼓励同事和学生："只要锲而不舍，一定会有成就。"他把教研室各位成员的科研方向记在心上，去北京图书馆时，看到与哪位同志的

王　烈　谭锡畴　袁复礼　孙云铸　冯景兰　张席禔　王恒升　张印堂
陶绍渊　**李宪之**　洪　绂　赵九章　钟道铭　林　超　鲍觉民　米　士

李宪之（中）与他在西南联合大学时期的两位授课弟子叶笃正（左）、谢义炳（右）的合影（1987年）

科研项目有关的最新资料，回校后立即告知。他帮助学习外文有困难的同志翻译德文、英文资料，还负责难点释疑。他的关怀如春风雨露，滋润满园桃李。他既为业师，又为人师，用丰富的知识教书，更以完善的人格育人。他培养出众多杰出的气象科学家、教授、高级工程师，从1940年毕业的叶笃正、谢义炳起，毕业生中有中科院院士（学部委员）10余人、工程院院士2人。所以，气象学界公认他是我国近代高等气象教育事业的开拓者和奠基人之一，尊称他是"一代气象宗师"。

1986年9月6日，北大举行了"李宪之教授执教五十周年庆祝会"，当他在人们的搀扶下走上讲台时，到会人员全体起立，长时间热烈鼓掌，达数分钟之久。师生们踊跃发言，不但赞扬李先生钻研科学的精神、认真教学的态度，还赞扬他关心、爱护学生的高贵品质。

四、潜心研究　奋斗不息

李宪之治学严谨，分析精辟，思维纵横驰骋，博大精深，常有独到的见解。1952年全国高校院系调整后，他得以抽出较多时间进行地学类多领域的科学研究工作。他的第一本专著《季节与气候》于1957年由科学出版社出版。在早期台风研究的基础上，1956年他在《气象学报》发表《台风生成的综合学说》一文；又经多年潜心研究，第二本专著《论台风》于1983年由气象出版社出版。他的家乡河北省赵县在历史上有许多抵御洪水的故事，所以治理洪水成了他幼年时的一个志向。1954年我国长江流域发生了罕见的大洪水，1963年华北又发生了特大洪涝灾害，于是他把精力集中到降水问题的研究上。他利用探空资料作了大量的剖面图，分析来自我国东南方向及西南方向低纬度地区的天气系统，综合了来自世界各地的资料与信息，完成了专著《降水问题》，1987年由海洋出版社出版。该书中提出了"宏观系统"的概念。所谓"宏观系统"，又可称为"宏观天气系统"或"宏观气流系统"，它是指气流自"冬半球"出发后，穿过赤道，到达另一半球（"夏半球"），沿途产生一系列重大的天气系统与灾害。他分别给出了从南、北两个半球出发的冷空气活动的八条主要路径。他认为这些"宏观气流系统"的强、弱以及它们移动路径的不同，造成我国不同地区出现洪涝或干旱及其他自然灾害。20世纪70年代中期，李宪之从卫星云图和环球暴雨区连续几个月的变化中，发现一种从未被人发现过的南、北半球间的宏观气流系统——呈S型的宏观云带。这个发现在他后来的文章中常被深入论及，并用来说明多种灾害现象，如他发表论文用它分析1991年我国严重洪涝灾害的主要成因，又撰文用它分析1993年美国特大暴雨的成因。他认为，这种宏观气流系统能把全球范围内许多重大灾害现象有序地、有机地联系起来；进一步搞清楚这种宏观现象，对于短期天气预报会起很大的推动作用。

李宪之的学术研究视野很广，他关心地学类的许多问题，如20世纪50年代发表的《大陆起源和地球面貌发展的综合假说》，70年代完成的《关于地球磁场起源问题》、《龙卷风发生问题》，80年代完成的《试论"板块构造学说"与地震主要原因》等。他对天文学中的某些问题也有独到的见解，如把极光结构同大气运动相对照，综合分析近百年来国际上极光研究中的分歧，提出上、下层离子流相结合而形成极光的理论，并用六个方面的实际资料来证实这一理论。他从台风结构与星系结构的相似性出发，用内旋与等角速度解释了天文学上一直未解决的难题——棒旋星系的成因问题。他的预测，有的已得到事实的证实，有的由于没有资料而尚难证实。但他对宏观天气系统动力作用的认识，对天、地、气统一规律的认识，拓宽了科学研究的视野，给后学者以深刻的启迪。他对不同地区的暴雨、地震、火山等很多地球科学方面的灾害现象，也提出了不少新观点。

李宪之教授勤奋终身，虽年逾古稀还常去校、系的图书馆，甚至乘公共汽车到北京图书馆查阅最新资料。直到96岁高龄，他自知重病在身，仍笔耕不辍，完成学术论文《1998年夏季长江流域大范围持续性强烈降水发生与发展的机理》。他对学术成果持"勤研究，慎发表"的态度，他的许多论文在《寒潮 台风 灾害——庆贺李宪之教授九十五华诞文集》（2001）中才面世。

2001年3月21日，李宪之教授走完了他的人生旅程。4月28日，北京大学、中国

王 烈　谭锡畴　袁复礼　孙云铸．冯景兰　张席褆　王恒升　张印堂
陶绍渊　**李宪之**　洪 绂　赵九章　钟道铭　林 超　鲍觉民　米 士

气象学会、九三学社北京市委员会联合在北京大学图书馆会议厅隆重举行李宪之教授追思会。《李宪之教授纪念文集》于2004年8月出版，其中刊登了李教授13篇未发表过的学术论文及1篇2001年初草拟的写作提纲，27篇未发表的散文、诗歌及杂感，以及追思会上各方面人士的发言、少量的纪念文章等。

（于 洸）

李宪之简历：

1904年9月26日　出生于河北省赵县南解疃。

1924年　考入北京大学理预科。

1926年　升入北京大学物理学系。

1927~1930年　参加中国西北科学考察团，在内蒙古、青海、新疆等地进行气象和水文观测。

1930~1934年　赴德国柏林大学深造，获哲学博士学位。

1934~1936年　在柏林大学作博士后研究工作。

1936年　任清华大学地学系专任讲师。

1937年　任清华大学地学系教授。

1937年8月　任长沙临时大学地质地理气象学系教授。

1938~1946年　任西南联合大学地质地理气象学系教授。

1946~1952年　任清华大学气象学系教授、系主任。

1952~1958年　任北京大学物理学系教授、大气物理教研室主任。

1956年　加入九三学社。

1958~2001年　任北京大学地球物理学系教授。

2001年3月21日　病逝于北京。

李宪之主要著作：

1. *Bemerkungen über den Einfluβ der Wüste Taklamakan auf die witterung in Tjarchlik*, Meteorologischen Zeitschrift, 1934.

2.《东亚寒潮侵袭的研究》，科学出版社，1955年版。

3. *Die Typen Ostasiatischer Kältewellen*, Gerlands Beiträge zur Geophysik, 1936.

4. *Über Analogien zwischen atmosphärischer und ozeanischer Zirkulation*, Gerlands Beiträge zur Geophysik, 1936.

5. *Untersuchungen Über Taifune*, Veröffentlichungen des meteorologischen Instituts der Universität Berlin, 1936.

6.《台风的研究》,科学出版社,1955年版。

7.《气压年变型》,《地学集刊》,1943年。

8. *On the solution of some geographical and geological problems*, The science reports series C Vol 1, No. 2 of the National University of TsingHua, 1949.

9.《现阶段的中国气象教育工作和将来的展望》,《气象学报》,1951年。

10.《台风生成的综合学说》,《气象学报》,1956年。

11.《大陆起源和地球面貌发展的综合假说》,《北京大学学报》,1956年。

12.《季节与气候》,科学出版社,1957年版。

13.《论台风》,气象出版社,1983年版。

14.《降水问题》,海洋出版社,1987年版。

15.《关于气候变化和环境恶化的两个问题》,《气候变化与环境问题全国学术讨论会论文汇编》(二十二),1991年。

16.《1991年中国严重洪涝灾害主要成因》,《灾害学》,1993年。

17.《1993年美国特大暴雨成因问题》,《北京大学学报》(自然科学版),1997年。

本文参考文献:

1. 中国科学技术协会编:《中国科学技术专家传略·理学编地学卷(3)》,中国科学技术出版社,2004年版。

2. 钱理群、严瑞芳主编:《我的父辈与北京大学》,北京大学出版社,2006年版。

3. 沈克琦、赵凯华主编:《北大物理九十年》(修订版),北京大学出版社,2003年版。

4. 杨遵仪主编:《桃李满天下——纪念袁复礼教授百年诞辰》,中国地质大学出版社,1993年版。

王　烈　谭锡畴　袁复礼　孙云铸　冯景兰　张席禔　王恒升　张印堂
陶绍渊　李宪之　**洪　绂**　赵九章　钟道铭　林　超　鲍觉民　米　士

学地理始知中国之伟大
——著名地理学家、地理教育家洪绂教授

洪绂，著名地理学家，曾留学法国里昂中法大学，师从世界著名地理学家马东（E. de Martonne）教授。留学回国后，先后在中山大学、清华大学、西南联大等校任教。新中国成立后，辗转于中国台湾、美国、加拿大多所高校，任地理学教授。在经济地理学方面造诣很深，为国际经济地理学的著名学者。

洪绂，又名洪思齐，1906年生于福建。1928年毕业于协和大学物理系；同年去法国里昂中法大学留学，曾师从世界著名地理学家马东教授，深受其影响，1933年7月毕业，获地理学博士学位。他懂英语、法语、德语，尤其擅长英语和法语，曾博览和收藏大量当时欧美出版的地理书刊，为其后来的博学多才奠定了基础。

洪绂

1934年回国后，洪绂出任中山大学地理系教授、系主任，不久，北上任清华大学地学系教授。当时清华大学地学系中教地理学的有张印堂、洪绂等人，教地质学的有冯景兰、袁复礼、孙云铸、杨钟健诸先生，教气象的有李宪之、赵九章两先生。就地理学课程来说，张印堂讲授自然地理，洪绂讲授世界地理，王成组讲授人文地理，黄国璋讲授经济地理，涂长望讲授气候学，高钧德讲授地形学等。1937年，洪绂被选为中国地学会理事。

抗日战争爆发后，清华大学与北京大学、南开大学南迁至长沙，后再西迁昆明。洪绂于1938年到达昆明，任国立西南联合大学地质地理气象学系教授。1940年，在林同济、陈铨、雷海宗、贺麟等人的组织下，以26位"特约执笔人"为主要成员，以春秋战国时期的谋臣或策士自诩，对抗日战争之国际形势与中国战国时代

相比较，以提醒国人认识中国的国际地位，为中华民族在强国如林之中谋生存，而共同在昆明创办《战国策》半月刊。由此他们被称为"战国策派"，洪绂参与其事，成为"特约执笔人"之一。

新中国成立后，洪绂曾在台湾师范大学任教一年多，随即转到美国，先后任克拉克大学、哈特福德大学教授，威斯康星州卡罗尔大学地理系教授兼系主任；20世纪60年代转至加拿大温尼伯大学，任地理系系主任，并曾一度在耶鲁大学做客座教授；1966年在加拿大圭尔夫大学创办地理系，任系主任、首席教授，直至1974年退休；其间又任英国牛津大学客座教授、加拿大国家研究员、加拿大与法国交换教授等职。他曾三次获得加拿大国家研究奖金。

1984年，洪绂教授渴望能回祖国内地讲学，曾与西南师范大学、南京师范大学等校联系，但因已年届80，未能如愿，终成遗憾。

洪绂（左五）在加拿大哥尔大学与地理学者合影

一、毕生从事地理教育

早在清华大学时，洪绂就重视地理学教育，基于当时中国近代地理教科书建设才刚起步之现状,他很注意引进西方的地理教科书。在清华大学地学系讲授人文地理学时,洪绂所使用的教材有维达尔编的《人文地理学原理》、白吕纳著的《人文地理学》和辛普尔写的《地理环境之影响》等。

在西南联大,洪绂曾讲授自然地理、人文地理、欧洲及美洲等区域地理。他深受马东教授的影响,力图把自然地理与人文地理结合起来讲授。在课堂或带学生去野外实习时,他善于启发学生,不时提出问题让他们思考,如对不同的地貌如何加以利用等问题。作为洪绂学生之一的杨宗干后来回忆时,认为洪教授授课使自己"深受教益"。

在西南联大工作时期,虽然条件艰苦,但洪绂对学生的地理教育仍然一丝不苟,要求严格。他指导杨宗干做毕业论文《昆明西北郊土地利用》时,亲自带杨宗干到野外划定论文所涉及的地理范围,并提出当时土地利用中存在的或需注意的问题,使这篇论文达到较高水平。洪绂的弟子们不少后来成为新中国的知名学者,除王乃樑、邓绶林、丁锡祉等教授外,其余可论者,如亚新舆地学社的邹新垓,其在清华大学求学时,也深受洪教授的影响。邹新垓毕业后,即从事地图编印工作,出版了全国通用中国地图集,承担清华大学地学会丛书《地学集刊》的出版。其余著名学者,如李式金(曾任河南师范大学地理系系主任)、许逸超(曾任中山大学师范学院地理系教授)、张英骏(知名岩溶专家,贵州师范大学地理系教授)、侯学焘(南京地理所研究员)、李孝芳(北大教授),他们均曾受教于洪绂教授。此外,洪绂还关注地理基础教育,1943年由其主编的《新中国教科书初级中学地理》由正中书局出版发行,作为当时的初级中学教材,推动了初级中学地理教育的开展。

1947年10月,上海地理教育研究会在市立育才中学成立,到会会员47人,会上洪绂作了中国省区改造问题的报告,推动了区域地理的研究与教学。后来他发表了《修订地理学系课程标准刍议》一文,该文根据国内战后形势的变化,对大学地理系课程设置提出许多修正意见,颇具建设性。会议推举洪绂等11人为研究委员。

1948年,洪绂在《地理之友》第1期上发表的《地理教育之目的》一文,明确提出了地理学的爱国主义教育功能。他认为:"地理学为中学初级教育重要之一门,应使学生认识中国大好河山,无尽之富源,与我刻苦耐劳之人民,从而引起爱国爱乡之念。学地理始知中国之伟大,其在世界之使命,并藉以明晰中国文化之地理基础,以冀从因袭的、传统的文化根基上,创造一个有意识的、合理化的新文化。"洪绂对地理学爱国教育功能的认识,进一步明确了地理教育的宗旨。

二、对地理区域划分的研究

1934年，洪绂在《划分中国地理区之初步研究》一文中指出了区域划分研究的四点困难："（1）精密的地质、地形、气候、土壤、天然植物，及人口分布之研究尚未普遍于全国各地，综合的地理研究殊难着手。（2）地理的要素既不止一端，难免顾此失彼。（3）地理区域之范围必须大小适宜，盖太大则失于笼统空泛，太小则失于零碎混乱。（4）地理区域之界线非尽清晰有定。"他以此认识为基础，在文中提出中国地理区域划分的初步设想：根据气候和水文可把中国分为两大区域，再考虑其他地理要素划分亚区，可划分为25个亚区。这一方案算得上是中国地理分区的较早方案之一。

兴起于民国初年的缩省运动，在抗战时期达到高潮。作为对地理区域划分有过研究的地理学家洪绂，积极参与其事。他的《划分中国地理区域之初步研究》一文，其实也可理解为对缩省运动的学术上的一种回应。抗日战争时期，缩省运动进一步掀起高潮。同为缩省运动的参与者，当时有两个主张各异的派别。陈铭枢、张其昀、胡焕庸等人为所谓的"析省派"，他们认为应顾及事实困难，以现有省之下的道的区域为基础，将一省分为数省；而洪绂、黄国璋等人是所谓的"调整派"，他们主张打破原来的省、道、府、州界线，完全以自然区域为根据，重新划分省区。

抗战胜利后，洪绂对重划省区问题的思考更积极，发表《新省区论》和《重划省区方案刍议》等论文，指出元代以来的省区原为军事区域，不适合民主自治，并提出全国应分为57个省，西藏可单独作一个地区，在南京、北平设置京海省、平海省，此两省为我国南北经济文化之重心、国家安危之所在。

三、对经济地理学的研究

洪绂在留学法国期间，研究的范围即在经济地理学，其博士论文的题目为《茶叶地理》，法国尼罗河地区研究所出版了其法文版，并列为里昂中法大学地理学院丛书，被德国、法国各地理杂志所介绍，为德、法两国地理学教授们所赞赏。

王　烈　谭锡畴　袁复礼　孙云铸　冯景兰　张席禔　王恒升　张印堂
陶绍渊　李宪之　**洪　绂**　赵九章　钟道铭　林　超　鲍觉民　米　士

1934年，洪绂回国后，在中山大学地理系任教，在该系出版的刊物《地理学季刊》上发表过有关经济地理学的文章。如在《区域经济地理引言》一文中，他提出经济地理要素为三："地之要素，人之要素与史之要素。"在《英国经济地理大纲》中，他立足于上述三要素的视角分别进行分析，作为前面三讲的内容，第四讲为"农业"，第五讲为"矿产"，第六讲为"煤"，第七讲、八讲为"工业总论"，第九讲、十讲为"纺织工业"，第十一讲为"钢铁工业"，第十二讲为"奢侈品工业"，第十三讲为"工业革命对于人口地理之影响"，该提纲后记云："本文为余所授《经济地理课》罗君开富之笔记，经余校阅者；虽可发表，却非为发表而作。余本拟将在欧所搜集，编为《英、法、德、俄、美、日六大强国经济地理》，兹先将英国经济地理材料之一部分，用讲演形式发表。然为时间所限，未能博览群书，胪举诸说，挂一漏万，知所不免，对于各项次要问题，亦未克尽量发挥，读者谅之！洪绂后记。" 洪绂的经济地理学已具有一个初步的思想体系，即他赞成法国区域学派观点，以地、人、史为基础，进而论及农业、矿业、工业、人口、经济生活、对外贸易与收支，最后对经济政策予以分析。

抗战胜利后，国家需要休养生息，经济建设问题被提到议事日程之上。1947年，洪绂顺应国家的需要，发表《中国工业化问题》的论文，就中国工业的发展和布局提出了相应的观点。新中国成立后，工业布局被视为国家重要机密，可见洪绂之论工业布局问题确有先见之明。

（肖　雄　朱　俊）

洪绂简历：

1906年　　出生于福建。

1928年　　毕业于协和大学物理系，去法国里昂中法大学留学。

1933年7月　在法国里昂中法大学毕业，获地理学博士学位。

1934年　　在中山大学任教，任地理系教授、系主任；同年，任清华大学地学系教授。

1937年　　被选为中国地学会理事。

1938年　　任国立西南联合大学地质地理气象学系教授。

1948年　　在暨南大学讲授《经济地理》、《中国区域地理》等课程。

1949~1966年　先后任中国台湾师范大学教授，美国克拉克大学、哈特福德大学教授,威斯康星州卡罗尔大学地理系系主任,加拿大温尼伯大学地理系系主任。

1966年　在加拿大圭尔夫大学创办地理系,任系主任、首席教授。

1974年　在加拿大圭尔夫大学退休。

洪绂主要著作:

1.《区域经济地理引言》,《地理学季刊》,1933年。

2.《划分中国地理区之初步研究》,《地理学报》,1934年。

3.《英国经济地理大纲》,《地理学季刊》,1934年。

4.《新中国教科书初级中学地理》,正中书局,1943年版。

5.《从地略论建都》,《大公报》,1944年1月23日。

6.《漫谈几种建都的理论》,《东方杂志》,1944年。

7.《中国之地理区域》,1945年。

8.《重划省区方案刍议》,《东方杂志》,1947年。

9.《修订地理学系课程标准刍议》,1947年。

10.《中国工业化问题》,1947年。

11.《地理教育之目的》,《地理之友》,1948年。

12.《兴中教科书初中地理》(第1册),正中书局,1954年版。

本文参考文献:

1. 北京大学、清华大学、南开大学、云南师范大学编:《国立西南联合大学史料(四)·教职员卷》,云南教育出版社,1998年版。

2. 于鸣超:《现代国家制度下的中国县制改革》,《战略与管理》,2002年第1期。

3. 王恩涌等编著:《人文地理学》(第二版),高等教育出版社,2000年版。

4. 北京大学环境学院《王乃樑文集》编辑组编:《王乃樑文集》,学苑出版社,2006年版。

5. 西南联大《除夕副刊》主编:《联大八年》,西南联大学生出版社,1946年版。

6. 王庸著:《中国地理学史》,上海书店,1984年版。

7. 赵荣、杨正泰著:《中国地理学史:清代》,商务印书馆,1998年版。

王　烈　谭锡畴　袁复礼　孙云铸　冯景兰　张席禔　王恒升　张印堂
陶绍渊　李宪之　洪　绂　**赵九章**　钟道铭　林　超　鲍觉民　米　士

一位开拓创新的科学家

——著名气象学家、地球物理学家、空间物理学家赵九章教授

赵九章，著名气象学家、地球物理学家、空间物理学家。我国动力气象学的创始人，我国现代气象学的奠基人之一，我国宇航事业的开创奠基人之一。他毕生致力于大气科学、地球科学和空间科学的研究和教育，取得重要成果，推动了我国动力气象、大气环境、数值天气预报、空间科学技术、大气物理、高空大气物理和海洋物理等多学科的发展。培养了一大批科研人才、专业技术人才，其中不少人是中外知名的学者。

赵九章，又名诚斋，1907年10月15日生于河南开封，祖籍浙江吴兴(今湖州)。幼时家庭经济困难，生活日艰，他常以"天行健，君子以自强不息"自勉，

赵九章

发奋读书；15岁时到商店当学徒，但繁重的学徒生活并没有束缚住他的志向，1922年以优异成绩考入河南留学欧美预备学校。他在青少年时代就向往真理，在中学读书时，便满腔热情地投入五卅运动。1925年，他考入浙江工业专科学校(浙江大学工学院前身)电机系学习，学习期间加入了中国共产主义青年团，积极参加革命活动。1927年大革命失败后，赵九章被捕入狱，在敌人威胁利诱下，他没有改变自己的信念，最后由于病重，身体不支，被保外就医。

1929年，赵九章考入清华大学物理学系，依靠姑母和吴岫霞女士（即他后来的妻子）资助才上得起学。在叶企孙和吴有训两位教授的培育下，他努力学习，奠定了扎实的数学、物理学基础，得到科学实验能力的锻炼。1933年，赵九章毕业留校任物理学系助教；次年10月，考取庚款公费留学。出国前，在竺可桢先生的指导下，他到中央研究院气象研究所做气象实习和初步研究工作。

1935年7月，赵九章赴德国柏林大学，在H. Von Ficker和A. Defent教授的指导下，研究动力气象学、高空气象学和动力海洋学。1938年获博士学位后，返回祖国，先后任清华大学地学系教授、西南联合大学地质地理气象学系教授、清华大学航空研究所高空气象台台长。在抗日战争时期，他一家四口人住在昆明一间半既旧又破的民舍内，生活十分艰苦，所得工资只能糊口。即使如此，他仍努力工作，以期为祖国的气象事业做出贡献。1941年，他兼任中央研究院气象研究所(在今重庆北碚)研究员；1944年，经竺可桢推荐，任气象研究所代理所长，同时担任中央大学理学院气象系教授；1945年赴美国讲学。1946年，气象研究所迁回南京。1947年1月，赵九章就任气象研究所所长。他多方延聘人才，开展工作。1948年，惶惶不可终日的国民党当局下令将中央研究院各研究所先迁至上海，准备迁往台湾。赵九章坚定地表示："只要有我在，气象研究所就搬不动。"他冒着生命危险，团结全所同事，拒绝迁往台湾，并将一批优秀的气象学家和十分珍贵的气象资料、气象器材保留下来，迎接新中国的诞生。

新中国成立后，赵九章担任中国科学院地球物理研究所所长，他怀着十分激动的心情，将全部心血倾注到科学研究事业上。他强调，要将科学研究与国民经济建设及国防建设相结合。新中国成立之初，全国只有72个设备极不齐全的气象站，赵九章考虑到气象台站必须在全国大发展，就亲自动手制作仪器，然后把技术和设备完整地移交给中国人民解放军军委气象局。他还主动关注军事气象的保障和服务工作。在国外气象资料被严密封锁的情况下，他设想用近海海浪的性质和变化来预告台风的位置和强度，于是着手进行海洋学和海洋动力学的研究，开拓了海浪观测与预报等新领域。他胸怀全局，在他的建议下，由地球物理研究所与军委气象局合作，建立了"联合天气分析与预报中心"、"联合气象资料中心"，从而使我国天气分析预报和气象资料服务工作得到迅速发展，并在抗美援朝和收复沿海岛屿，经济建设及防灾、抗灾中做出了很大贡献。

赵九章是我国宇航事业的开创奠基人之一。1957年10月苏联第一颗人造卫星上天之后，他便建议我国也应考虑研制卫星的规划设想。在中央的直接领导下，他带领科技队伍为我国人造卫星坐了大量预研和基础工作。1966年1月，中国科学院卫星设计院成立，他担任院长。

1958~1966年，赵九章亲自创建研究组，开展空间物理学科领域的开拓性工作，开创了我国磁暴、磁层、辐射带太阳风等课题的研究。1966年1月，中国科学院应用地球物理研究所成立，他兼任所长。

由于赵九章有坚实的理论基础、不断创新的开拓精神，他先后创建了我国动力气象、大气环流、数值天气预报、大气物理、高空大气物理、空间科学技术、海洋物理等分支学科。他的学术成果推动了这些学科向纵深发展，为我国现代科学事业做出了杰出贡献。

赵九章不仅是一位科学家，也是一位教育家。他先后在清华大学、西南联合大学、中央大学、中国科学技术大学任教，培养了一批在学术上颇有造诣的科技人才。

赵九章曾任中国地球物理学会理事长、中国气象学会理事长，第二届全国人大代表、第三届全国人大常委，第二届全国政协委员、第三届全国政协常委。

一、我国现代气象学的奠基人之一

早在清华大学读书与工作时，赵九章就与气象科学结下了不解之缘。我国物理学的一代大师——叶企孙教授很早就看到气象学与物理学的紧密关系，他说："气象是国家非常重要的学科，世界上气象学发展很快，要有学物理的人去学气象。"1934年，他决定让赵九章报考留美公费生，后赵九章改派去德国柏林大学专攻气象学。出国前，赵九章在中央研究院竺可桢先生的指导下，做气象实习和初步研究工作，当时写出《中国东部空气团之分析》一文，这是我国分析东亚气团的第一篇论文。赵九章就是这样在恩师的指引下，一步一步地向气象科学的殿堂迈进。

20世纪30年代的欧洲是世界气象科学发展最快的地区。柏林大学在气象学研究方面非常有特色，学术气氛很浓。赵九章在国外导师的指导下，攻读动力气象学和高空气象学专业。1937年，他发表了一篇著名的学术论文，题为《信风带主流之热力学》，将物理学与数学引入气象学，定量地讨论了热带高压至赤道途中信风主流得到的水汽和热量的多少，使气象科学从描述性、定性化进入定量化。这立即引起国际气象学界的重视。后来竺可桢评价这篇论文是"新中国建立以前理论气象研究方面最主要的收获"。赵九章是我国动力气象学的创始人之一。

1938年9月，刚刚获得博士学位的赵九章离开了德国，他急于回到祖国以贡献自己的力量。当时，清华大学已内迁到昆明，与北京大学、南开大学联合组成西南联合大学，他任该校地质地理气象学系教授，先后开设理论气象学、航空气象学、高空气象学、大气物理学、海洋学等课程，编写了我国第一部《动力气象学》教学讲义。当时在这里学气象学的叶笃正、谢义炳、顾震潮等人，后来都成为我国著名的气象学家。

随着抗日战争的发展，中央研究院气象研究所也内迁到重庆的北碚，所长竺可桢需要在贵州遵义主持浙江大学的校务，便力推赵九章来主持气象研究所的工作。1941年1月，赵九章担任气象研究所代理所长。他不得不离开心爱的教学岗位，来到北碚。当时，气象研究所的条件非常简陋，人才奇缺。赵九章一方面对外广招人才，一方面对内加强年轻人的培养，严格管理。在短短9个多月的时间内，该所的工作就取得很大进展。竺可桢在日记中写道："赵九章到所十月，作事极精明，余喜托付得人……故赵代所长主持，将来希望自无量。"在此期间，赵九章发表了《非恒态吹流之理论》等论文。1946年，气象研究所回迁南京北极阁；1947年1月，赵九章就任所长。他多方延聘人才，集中了一批地震、地磁方面的研究专家，进行了关于东亚气团、锋面、天气系统、东亚大气环境等方面的研究。1948年，国民党当局下令将中央研究院各所迁往台湾，赵九章团结全所同事，坚决抵制去台湾，以迎接新中国的到来。

赵九章对新鲜事物十分敏锐，在研究工作中始终密切关注世界气象科学发展的动态。20世纪30年代，瑞典科学家罗斯贝等揭示大气长波的存在是世界气象科学发展史上的一项重大事件，但他不能解释大气长波何以能够发展。赵九章首先从理论上推导得到大气长波的临界波长，指出由于水平温度梯度的存在，当大气长波的波长大于临界波长时，其波动是不稳定的，即大气长波得到了发展。他的这一研究成果，使大气长波理论在罗斯贝理论的基础上前进了一步，受到国际气象学界的重视。

赵九章是中国气象学界，也是世界气象学界最早把数学、物理学的方法、概念、手段引进气象科学的人，推进了气象科学的定量化研究。1943年，他发表的《讨论摩擦层中风随高度变化的规律》一文，也是用数学物理方程方法进行研究的。他还引导他的学生和后辈们沿着这个方向发展。

20世纪50年代，新中国的气象事业需要大量人才。赵九章把自己对新中国的认知和亲身感受写信介绍给在国外留学的朋友、学生，动员他们回国。在他的召唤下，叶笃正、谢义炳、朱和周、顾震潮等一大批气象学者先后回国，一时间地球物理研究所人才济济。

理论联系实际，学以致用，是赵九章一贯倡导和遵循的原则。1937年，他在《现代气象学研究与天气预报》一文中写道："理论气象学的最后目的，不外利用物理之定理，以现在观测所得气象要素之分布为出发点，推测未来此种要素之变

王　烈　谭锡畴　袁复礼　孙云铸　冯景兰　张席禔　王恒升　张印堂
陶绍渊　李宪之　洪　绂　**赵九章**　钟道铭　林　超　鲍觉民　米　士

化，因而预报短时期或长时期之天气。"1950年10月，抗美援朝战争对气象服务的要求迫在眉睫。赵九章主动给军委气象局局长涂长望写信，建议成立"联合天气分析预报中心"和"联合气象资料中心"。他还派出所内80％的专家到这两个中心工作，使这两个机构可以与发达国家的气象台相媲美。当年赵九章这种以国家利益为重的风范，一直为气象学界所称颂。

大规模经济建设的开展，对新中国气象工作者提出了更高、更紧迫的要求，赵九章不失时机地提出在我国开展动力气象、数值天气预报、云雾物理、人工影响天气、中小尺度观测试验分析和臭氧观测等科学研究课题，使我国的数值天气预报工作迅速接近国际水平。在他的指导和参与下，我国自己分析的第一张北半球天气图得以诞生。为了发展我国的气象站，赵九章主持研制成了水银气压表、浮杆目测仪、测波望远镜、海浪波谱分析仪等设备，组织领导了黄山、泰山云雾观测站的建设，开辟了我国云雾物理和人工影响天气研究的新领域。

20世纪50年代初，国际上开始采用计算机进行数值天气预报，可我国当时还很少有计算机。赵九章预见到我国的天气预报也必将走这条客观、定量化的道路，便全力支持顾震潮等人进行这项研究，举办训练班，开展计算机技术应用于数值天气预报的前期准备工作。在赵九章的努力下，地球物理研究所及时引进和开发新技术，使遥感、遥测与计算机技术逐渐成为支撑我国大气科学迅猛发展的两大支柱。

1956年，国务院成立十人领导小组，研究和制订1956～1967年我国科学技术发展远景规划纲要。赵九章任气象组组长，他与专家们一起，为制订十二年气象科学技术发展规划纲要做出了重要贡献。

1959年4月16日，赵九章（左侧座右起第一位）出席毛泽东主席召集的第16次最高国务会议

二、开创我国海浪研究的先河

海洋中有本海区大风形成的海浪，有远海区台风产生的巨浪传播到本海区的涌浪，有海底强烈地震引发的海啸构成的津浪。不同波高和波长的大型海浪，可能掀翻或折断船舰，冲毁海岸设施，对渔业捕捞、航海、海上勘探作业、海上和登陆作战、海港和防波堤建设等都有很大影响。为了适应国民经济和国防建设的需要，赵九章于1952年在中国科学院地球物理研究所组建了海浪组，与海军、民用部门合作，进行海浪和台风中心的预报研究，开辟了我国海洋研究的一个新领域。海浪组进行了以下两个方面的工作：

一是开展海浪预报研究。为了培训科技人员，赵九章花了很大精力，亲自讲授海浪和流体动力学等理论，以及风浪、涌浪、拍岸浪的预报原理，并具体指导研究工作：领导海浪自记仪的制作和建立标定实验室，与有关部门合作，成功研制海底波浪自记仪、波谱分析仪、岸用光学测波仪、表面波自记仪，开始研制海洋自动遥测漂浮站；与海军协商，在当时还是海防前线的青岛的一个小岛上，建立了海浪观测台，进行海底和海面的波浪观测，测量未受阻碍的由西太平洋台风引发并传到本海区的涌浪先头波，在舟山群岛朱家尖建立海浪观测台；在目测试验的基础上，编制出我国第一套海浪目测规范标准，利用多年目测数据，制订了适合我国广阔大陆架的海浪预报图表；研究了海浪生成、传播、预报理论，绘制了中国沿海的海浪折射图，统计、研究了海浪大小分布结构，提供了海浪和台风中心预报的基本条件等。至1958年，海浪组已获得多方面的研究成果，为日后的海洋环境预报打下了基础。

二是开展台风中心和移动路径的预报研究。新中国成立初期，国外对我国封锁有关海洋气象信息，影响我国台风预报的及时性和准确性。为了打破封锁，提高台风预报精度，根据当时美国、苏联海浪研究的最新进展，1953年海浪组与海军合作，选定青岛地区小麦岛海面宽阔的地方，在海底几十米深处安装海浪自记仪，测量涌浪的先头波。这种先头波比风暴产生的涌浪波幅低很多，是周期很大的长波，目测看不见，传播速度也比涌浪快两倍。用海浪自记仪观测的资料和波谱分析的结果，可在台风产生的涌浪到达海岸前的一昼夜的时间内预报出风暴中心。这既是海上台风预报新方法的研究，也是一种有重要意义的探索。

1956年，国务院研究和制订1956~1967年我国科学技术发展远景规划纲要时，赵九章还任海洋组组长，他组织海洋学家拟订了海洋科学规划及1956年和1957年同步观测计划。他还兼任同步观测组组长，对我国海洋科学发展和海洋普查起了先导作用。

三、我国宇航事业的奠基人之一

1957年10月4日，苏联第一颗人造卫星上天之后，竺可桢、赵九章、钱学森等纷纷发表讲话、写文章，阐述发射人造卫星的重要意义，建议我国也应考虑研制卫星的规划设想，并及早做些准备。中科院党组书记张劲夫将科学家的建议反映到中央。1958年5月17日，毛泽东主席在中共八大二次会议上说："我们也要搞人造卫星。"随之，主管科技的聂荣臻副总理责成张劲夫等进行研制人造卫星的规划设想安排。为此，1958年8月，中科院成立581组，组长为钱学森，副组长为赵九章、卫一清，负责实施我国的空间科学发展规划；下设技术组，由赵九章主持，成员包括陆元九、杨嘉墀、陈芳允、马大猷、贝时璋等十多位专家。1958年10月，赵九章率领中科院高空大气物理代表团去苏联考察访问。在当时中、苏关系的背景下，他们想参观的东西大部分没有看到。在考察总结报告中，代表团提出："我国发展人造卫星一定要走自力更生的道路，要由小到大，由低级到高级。"随后，赵九章带领科技队伍进行探空火箭探测及遥测、跟踪定位技术研究，开展卫星的探索和预研，研制环境模拟设备和建立实验室，为我国人造卫星做了大量预研和基础工作。

1958年赵九章（右一）率中国科学院大气物理代表团

当赵九章了解到我国运载火箭研制已有一定基础、空间环境模拟实验室已初具规模、主要几项卫星预研课题已有较好的进展、空间科学研究也有了良好开端时，1958年12月23日，赵九章给周恩来总理写信，建议国家立项正式开展人造卫星研制工作，这一建议受到了重视。1965年，中央批准了中科院《关于发展我国人造卫星的工作规划》。1965年10月20日至11月30日，中科院受国防科委委托，召开了我国第一颗人造卫星方案论证会，赵九章作为科学技术的总体负责人，在会上作了主要的论证报告。会议集思广益，最后归结的目标是1970年我国正式发射卫星。要求是："上得去，抓得住，听得到，看得见。"1966年1月，中科院成立卫星设计院，赵九章被任命为院长。他除了抓第一颗卫星的研制工作外，还注意到我国卫星型号发展的问题。1966年5月，中科院召开卫星系列规划设想讨论会，赵九章在会上报告对我国卫星系列的规划设想。会议经过讨论，确认卫星系列的重点与排序是：测地、通信、气象、载人飞船、导航。

1968年1月，赵九章、钱骥主持的我国第一颗卫星的初样星已经完成。1970年4月24日，我国第一颗人造地球卫星——"东方红-1号"发射成功。这是我国科技历史上的一件大事，是在党中央和国务院的领导下，十多年来先后参加卫星研制工作的全体人员的智慧、心血的结晶。遗憾的是，赵九章在文化大革命中惨遭迫害，于1968年10月含冤去世，未能见到卫星的成功发射，但他对我国宇航事业的贡献，人们是永远铭记的。1985年，赵九章等人的研究成果获国家科学技术进步特等奖；1999年9月，赵九章被追授"两弹一星"功勋奖章。

四、开拓我国空间物理和地球物理多分支学科研究

赵九章是我国空间物理和空间探测的开创者和奠基者之一，除上文提到人造地球卫星的研制工作外，1959年他在中科院组建磁暴研究组，根据空间物理研究的特点，提出进行理论研究、地面观测、空间探测和模拟试验"四条腿"走路的方法。在国际上磁层物理和太阳风研究刚起步时，他提出磁暴研究组主要的研究方向是：磁暴分析和理论研究，地球辐射带研究，太阳风向磁层传输过程研究，模拟试验。在他的指导下，磁暴研究组取得一些重要的研究成果：磁暴期间辐射带变化的理论研究，磁暴期间捕获区变化的计算和模拟实验，太阳光粒子向磁层中传输和数值模

拟等。1965年，赵九章以"磁暴组"之名，在《中国科学》（英文版）发表了题为《磁暴期间辐射结构及其变化的理论研究与模拟试验》的文章，对上述成果作了概括。这标志着我国空间物理研究已有良好的开始，并取得了一些进展。

赵九章与地球物理研究所原副所长陈宗器先生一起，建立了一批先进的空间物理地面观测站，如上海和北京的地磁台，武汉和河北廊坊的电离层台，北京、广州和云南的宇宙线台等；组装了中高层大气观测设备，开始了臭氧、气辉、夜天光的观测；引进了当时比较先进的紫外光谱仪和红外光谱仪，开展了高层大气光学研究。这些工作，为我国空间物理地面观测奠定了基础。

赵九章认为，我国空间探测应分为两个步骤：第一步先开展火箭探空，研究高空物理；第二步开展卫星探测。在他的积极倡导和组织下，我国于1959年开始T7型火箭的研制工作，建立"601"火箭发射基地。从1960年至1965年，"601"火箭发射基地先后发射火箭20多次，取得60千米以下的气象数据，并进行了电离层、宇宙线和生物项目的试验，为我国气象火箭和探空火箭的发展奠定了很好的基础。1965年，赵九章等人正式开始了我国第一颗人造地球卫星"东方红-1号"的研制工作；同时，他积极组织"实践一号"卫星探测器的研制，包括宇宙线粒子、空间磁场、高空大气密度等。

赵九章十分重视应用卫星的发展，20世纪60年代初，他就倡议在我国发展气象卫星，并组织人力、物力对气象卫星进行全面调研，还主持成立红外实验室，为我国发展气象卫星起了推动作用。他主持制订了我国地球物理研究十年发展规划，发挥中科院地球物理所的科研优势，积极同其他单位合作，开展了地磁、地震烈度、地震预报、地下核侦察、资源勘探等方面的研究，还进行了反导弹课题中的导弹飞行现象的研究。在他的指导下，进行了我国核爆炸试验的地震观测和弱冲击波传播规律的观测研究和气象预报服务，为我国核试验任务做出了贡献。

五、重才善教　教书育人

赵九章先后在清华大学、西南联合大学、中央大学、中国科学技术大学任教，无论是在这些高等院校里，还是在中科院研究所，他都非常关心青年学生、青年教师和科技人员的成长，循循善诱地培养人才，不拘一格地选拔人才。他的学生和他带领培养的科技人员，日后大多成了国内科研骨干和学术带头人，其中学部委员（院士）就有十几位。

赵九章有一个重要的教育理念：教育要为国家建设的迫切需要服务。1950年，他就任中科院地球物理研究所所长，便殚精竭虑地与北京地质学院、北京大学等单位合作，培养国家急需的地球物理方面的人才。1953年，他请傅承义研究员去北京地质学院筹建地球物理探矿教研室；他自己不仅给学生上课，还要负责培训教师。1956年，地球物理研究所与北大商定，在北大物理系设立地球物理专业，聘请傅承义研究员为该专业的地球物理教研室主任。1958年，中国科学技术大学成立，赵九章兼任该校应用地球物理系首任系主任和高空大气物理教研室主任。在与他人探讨地球物理学的生长点时，他说，中国科大注意到地球物理科学新的生命力，注意到这门科学在今后祖国社会主义建设中所起的作用，为了及早培养一批有高深的数理及新技术基础，并掌握现代高空物理与人工控制天气的发展情况以及本国在这些方面工作的研究骨干，特在校内设立应用地球物理系来开展这两方面的科研工作。

赵九章一直关注科学前沿，培养青年。叶笃正是他在西南联大时期的学生。20世纪30年代，国际上刚出现一种新的天气分析方法——等熵分析。1939年，赵九章就安排叶笃正作该方向的毕业论文。1959年，他亲自主持了高空大气物理学学术讨论班，讲授气体分子运动论和稀薄气体动力学。1964年，他提出，将各种类型的无线电波、声波和激光技术用到大气探测方面来，并亲自主持气象卫星探测理论与方法的学术讨论班，带领一批年轻人开展了对大气遥感理论的研究工作。至1966年，中科院地球物理研究所的激光探测大气要素的实验研究工作已接近当时的国际水平。从20世纪40年代至60年代，正是赵九章站在大气科学的前沿，及时抓住国家建设发展对气象科学提出的新问题和科学技术发展的新动向，开创科研新领域，培养了一茬又一茬人才，促进和加速了我国气象事业的发展。

赵九章十分重视研究生的培养。新中国成立后，我国建立起来的研究生制度，在20世纪50年代末期受到"左"的思潮的冲击，他顶住压力，把地球物理研究所在所的研究生培养工作坚持下来，让他们正式毕业。1960年10月，《光明日报》头版头条介绍赵九章、叶笃正两位导师培养研究生的经验。1960年底，赵九章给周恩来总理写信，建议恢复招收研究生的工作。1962~1963年，赵九章给中科院副院长张劲夫等人写信，提出中国科技大学应成立研究生院，以加强研究生的培养工作，并对研究生的培养思路和方法提出中肯的建议。1964年5月，中国科技大学在空间物理专业开始招收研究生，研究方向为磁暴及日地空间相关现象的理论研究。后来由于

"文化大革命"的干扰,中国科大研究生院创办工作被迫中断,但赵九章前期开展的工作为该校在1978年创办中国第一个研究生院奠定了基础。

赵九章惜才、爱才,一生孜孜不倦地选拔和培养优秀人才。他嘱咐年轻教师要经常接近学生,尤其是优秀学生,更进一步了解这些学生的思维方法与解决问题的能力。他亲自阅读同学们的毕业论文,并对优秀论文进行细致的评审和修改。1951年,中科院地球物理研究所招收了一批高中毕业生为实验员,赵九章以极大的热情培养他们,周秀骥就是其中的一位。在赵先生的安排下,周秀骥先后赴北大和苏联进修、深造,一步步成长起来,后来成为中科院院士。1962年,王水从南京大学毕业,到中国科大应用地球物理系任助教。赵九章在自己原有教学讲义的基础上,组织编写《高空大气物理学》教材,要王水协助他参加高空大气结构部分的编写工作。王水在图书馆查阅资料,并将外文译成中文,赵先生帮他修改。王水在赵先生耳提面命之下成长起来,在空间科学方面取得了优异的成绩。

对赵九章的治学态度和学术思想,熟悉他的人是有口皆碑的。他在科研工作中坚持"三严"的作风,提倡学术面前人人平等,从不以学术权威自居;对自己不熟悉的学术领域,总是向名师请教。他钦佩那些学术上有独到见解的同仁,更赞赏那些在学术上能驳倒自己的学生。在他主持的学术讨论会上,总是鼓励年轻人大胆发表自己的学术见解,对正确的给予鼓励,对不正确的给予善意的引导。正是这样,他为祖国培养造就一大批优秀的科技人才。

1968年10月26日,这位对中国大气科学、地球科学、空间科学做出杰出贡献的著名科学家与世长辞,享年61岁。为了纪念这位杰出科学家,1988年10月,由中国科学院大气物理研究所、地球物理研究所、空间物理应用研究中心和国家地震局地球物理研究所共同倡议,设立了"赵九章优秀中青年科学奖",以褒奖为科学事业做出突出贡献的中青年科研人员,实现赵九章未竟之宏愿,推动科研事业的发展和进步。自1990年以来,共有70多位优秀中青年科技人才获此殊荣。

2007年10月29日,在北京友谊宾馆科学会堂举行了"赵九章百年诞辰纪念大会",时任全国人大常委会副委员长、中科院院长路甬祥及王大珩、叶笃正等40多位院士到会并发表讲话。会议同时举行了"赵九章星"命名仪式。该小行星是1982年2月23日发现的,编号7811号,2007年6月国际小行星中心和国际小行星命名委员会正式将它命名为"赵九章星",以彰显赵先生的丰功伟绩。该行星介于火星与木星之间,永不止息地在太空运行着。中国科学院空间科学与应用研究中心吴季主任介绍了中国科学院"COS-PAR赵九章奖"的有关情况,这是以中国科学家命名的第一个重要国际奖项,是为世界空间科学界所公认和推荐的。2007年10月16日,由中国科学院、中国工程院、国家自然科学基金委员会主办的《科学时报》以纪念赵九章先生为专题,刊发两大版的纪念文章。

(于 洸)

赵九章简历:

1907年10月15日　出生于河南省开封市。

1925~1928年　考入浙江工业专科学校电机系学习。

1929~1933年　在清华大学物理学系学习,获学士学位。

1933~1934年　任清华大学物理学系助教。

1934~1935年　1934年10月考取庚款公费留学。

1935~1938年　在德国柏林大学攻读动力气象学、高空气象学和动力海洋学,获博士学位。

1938~1944年　任清华大学地学系、西南联合大学地质地理气象学系教授,清华大学航空研究所研究员。

1941~1949年　兼任中央研究院气象研究所研究员、代理所长、所长。

1950~1968年　任中国科学院地球物理研究所研究员、所长。

1951年　任中国气象学会常务理事。

1955年　选聘为中国科学院学部委员(现称院士)。

1958年　任地球物理学会理事长。

1959年　任中国气象学会理事长。

1966年1月　任中国科学院卫星设计院院长,兼任中国科学院应用地球物理研究所所长。

1968年10月26日　在北京逝世。

赵九章主要著作:

1.《中国东部空气团之分析》,《气象研究所集刊》,1935年。

2.《现代气象学之研究与天气预报》,《气象杂志》,1937年。

3.《非恒态吹流之理论》,《气象学报》,1944年。

4.《活动中心的形成与力管之关系》,《中国近代科学论著丛刊》,1947年。

5.《大气环流的稳定度》,《气象学报》,1949年。

6.《中纬度大气环流之稳定度》,《中国地球物理学报》,1951年。

7.《大气环流的统计研究》,《气象学报》,1949年。

8.《中国气象学研究的回顾与前瞻》,《气象学报》,1951年。

9.《中国地球物理学十年来的进展》,《科学通报》,1959年。

10.《太阳风、外空磁场及低能带电粒子探测的进展》,《科学通报》,1963年。

11.《带电粒子穿入地磁场的一种机制(一)》,《地球物理学报》,1964年。

12.《地球高层大气及外空间的几个问题》,《第二次星际航行座谈会资料》,1964年。

13.《高空大气物理学》(上册),科学出版社,1964年版。

本文参考文献:

1. 中国科学技术协会编:《中国科学技术专家传略·理学编地学卷(2)》,中国科学技术出版社,2001年版。

2. 西南联大北京校友会简讯辑:《中科院举行赵九章院士百年诞辰纪念大会》,2008年第43期。

3. 赵九章优秀中青年科学奖理事会:《赵九章与中国卫星》,《科学时报》,2007年10月16日。

4. 中国气象学会:《纪念我国近代气象科学奠基人赵九章先生》,《科学时报》,2007年10月16日。

5. 清华大学:《重才善教 教书育人——学习赵九章先生的教育思想》,《科学时报》,2007年10月16日。

6. 空间天气学国家重点实验室:《我国空间物理和空间探测的奠基者赵九章先生》,《科学时报》,2007年10月16日。

7. 谢毓寿:《赵九章先生对推进我国地震科学事业的贡献》,《科学时报》,2007年10月16日。

8. 中国科学技术大学:《赵九章先生与中国科学技术大学》,《科学时报》,2007年10月16日。

9. 杨俊文:《赵九章先生开创中国海浪研究》,《科学时报》,2007年10月16日。

一位历史学、地理学兼通的地理学家
——著名地理学家、地理教育家钟道铭教授

钟道铭，著名地理学家。曾留学英国伦敦大学，归国后先后在中央大学、西南联大、中山大学、南昌大学、西北大学、河南大学、安徽大学等校任教。他精通历史、地理，在人文地理学等方面有较高的造诣。

钟道铭（1908~1954），字新甫。安徽和县历阳镇人。1926年，他考入清华大学历史系，成为该系第二届学生。其间，历史系系主任为陆懋德，担任主要课程的教授有刘崇鋐、蒋廷黻、雷海宗、陈寅恪、噶邦福、张荫麟和教员吴晗等人。后钟道铭转入地理系学习，受教于翁文灏、洪绂、张印堂、黄国璋等，并于1931年从该系毕业，获历史学、地理学双学士学位。在大学期间，由于师从多名著名学者，因而他打下了坚实的学业基础。

1934年7月，第二届庚款留英学生选拔考试在南京、北平举行，报考者425人，应考者289人，钟道铭因扎实的基本功而榜上有名，成为留英26人中的一员，与袁寿椿一起入伦敦大学攻读地理学研究生，1937年获博士学位。

抗日战争爆发后，钟道铭怀着一颗爱国之心，毅然从英国返回，几经辗转，回到祖国；回国后，即受聘担任中央大学史学系教授。1942年10月，他来到西南联大，被聘为地质地理气象学系兼师范学院史地学系教授，讲授地学通论、政治地理、人文地理、欧洲地理等课程。

1945年抗战胜利后，钟道铭转道广州。其时，中山大学由王星拱出任校长，从全国各地延揽知名学者。这批学者包括王力、杨树达、罗香林、朱延丰、洪谦等人，钟道铭也在受聘之列。此后，他相继在南昌大学、西北大学、河南大学等校担任教授；1953年秋，由河南大学借调至安徽大学任教授。1954年2月，病逝于芜湖。

王 烈　谭锡畴　袁复礼　孙云铸　冯景兰　张席褆　王恒升　张印堂
陶绍渊　李宪之　洪 绂　赵九章　**钟道铭**　林 超　鲍觉民　米 士

一、对中国古代地理学的研究

　　1933年，钟道铭著有《中国古代地理学之发展》一文，重点叙述了中国地学研究的开端及其到战国末年的发展情况。他认为，虽然早在周初，地图便应已应用，但地理学到战国才逐渐出现。他将地理学在战国的发展分为两个时期：战国前期和战国后期。在他看来，前期的地理知识重于军事地理，诸如苏秦、张仪等纵横家具备一定的地理知识，他们的知识来源于"揣摩"地图，或师长传授。这种军事地理知识是时代的需要，因而可以说地理学的产生是适应时代要求、社会环境的产物。战国后期，地理学仍偏重于军事或政治方面，并不是以自身为目的的研究，而只是应用地理知识，达到建立军事或政治理论的目的。钟道铭认为，这一时期出现的《孙子》一书，重在军事地理的研究，主要讨论地形对战争的影响；《管子》一书讨论地理知识的篇数多于前者，描写地形更为具体，分类更为精细。他提出，中国的人文地理研究要从《管子》算起。

　　钟道铭以为，战国末年的《禹贡》是纯粹的地理学研究，是中国第一篇地理学专门著作，此书对中国地理学有创始之功。具体表现在三个方面：第一，该书对中国名山的记载，虽然有"列举主义"之嫌，但对各山相连线路有描写，对后世的山脉研究有较大影响；第二，开创"河川系统"研究之先河；第三，对物产分布记述精细，推进了国内此方面研究的发展。钟道铭称此书是"中国纯地理学底祖师"。

二、对古代氏族的研究

　　钟道铭兼有历史学、地理学的学习研究背景，在中国古代氏族社会研究方面，有较高的造诣。他将我国古代氏族社会分为图腾制、母系制、群婚制、氏族政治四部分。在图腾产生方面，他认为，氏族社会成立的基础是血缘关系，而血缘关系要追溯到祖宗系统，所以祖宗观念是氏族社会的基础。因动物威力强大，原始人类对动物产生崇拜，将祖宗设想为动物，而祖宗在他们心中是本氏族最具威力者，动物的名称就成为各氏族社会的象征，图腾由此产生。他列举了古代史籍中以兽为族名的记载，叙述了现存姓氏中用动物名的现象，并通过周穆王征犬戎的故事，来说明犬戎氏族的图腾。

钟道铭对母系制进行了解读，认为"姓以女子为基准"，所以"女生为姓，姓之字多从女"，"氏"是姓中用来区别贵贱的；故在通婚方面，"氏同姓不同可以通婚，而姓同氏不同则不能通婚"。他认为，氏族政治充分体现了神权的伟大；原始社会的政治，其实质是氏族领袖执行法律，而法律是以神或祖先神为基础的。

三、对人文地理学的研究

钟道铭在人文地理学方面的研究多采用系统的方法，在内容上多涉及土地构造与地形、自然景观、种族及人口分布、经济发展概况及国际关系的地理背景等。在《不列颠四子国》一文中，他主要介绍了加拿大、澳大利亚、新西兰、南非这四个英联邦国家。从介绍的内容看，基本上涉及人文地理研究的一般领域，包括地理位置、地形地貌、人口分布、经济状况、政府组织、国防建设等方面。如在介绍加拿大时，他重点分析了加拿大的人口组成，介绍了在魁北克省居住的法裔与加政府的互动关系；又从加拿大与美国相邻的地理关系，指出美加两国在语言、交通、贸易等方面的关系。钟道铭在人文地理领域的研究，充分地将地理学与人口、宗教、语言、民族、政治等诸多因素结合，比较系统立体地予以阐释。

（朱　俊　肖　雄）

钟道铭简历：

1908年　出生于安徽和县。
1926年　考入清华大学。
1931年　毕业于清华大学，获历史学、地理学双学士学位。
1934年　英国伦敦大学攻读地理学研究生，1937年获博士学位。
1937年　任中央大学史学系教授。
1942年　任西南联大地质地理气象学系教授，兼师范学院史地学系教授。

王 烈　谭锡畴　袁复礼　孙云铸　冯景兰　张席禔　王恒升　张印堂
陶绍渊　李宪之　洪 绂　赵九章　**钟道铭**　林 超　鲍觉民　米 士

1945年起　先后在中山大学、南昌大学、西北大学、河南大学任教授。
1953年秋　借调至安徽大学任教授。
1954年2月　病逝于安徽芜湖。

钟道铭主要著作：

1．《唐宋诸代回纥衰亡考》，《国闻周报》，1930年。
2．．《由考古学上看中日文化之交涉》，《清华周刊》，1930年。
3．《中国古代地理学之发展》，《国立中山大学文史学研究所月刊》，1933年。
4．《中国古代氏族社会之研究》，《东方杂志》，1934年。
5．《不列颠四子国》，《地理》，1948年。

本文参考文献：

1．清华大学校史编写组编著：《清华大学校史稿》，中华书局，1981年版。
2．清华大学校史研究室编：《清华大学校史资料选编》第二卷（上），清华大学出版社，1991年版。
3．北京大学、清华大学、南开大学、云南师范大学编：《国立西南联合大学史料（四）·教职员卷》，云南教育出版社，1998年版。
4．吴定宇主编：《中山大学校史（1924～2004）》，中山大学出版社，2006年版。
5．谢长洁著：《中国留学教育史》，山西教育出版社，2006年版。
6．安徽文史资料全书编辑委员会编：《安徽文史资料全书：巢湖卷》，安徽人民出版社，2007年版。

一位学术上前进不止的地理学家
——著名地理学家、地理教育家林超教授

林超,地理学家、地理教育家。早年与克勒脱纳教授在云南大理考察点苍山第四纪冰川,其研究成果为我国华南"大理冰期"命名提供了科学基础。20世纪40年代,他的《嘉陵江流域地理考察报告》及聚落研究等著作,开创了我国人文地理学的研究。50年代,他所著《珠穆朗玛的发现与命名》为世界最高峰——珠穆朗玛峰正名做出重要贡献。50~60年代,他在综合自然地理区划、土地类型和区域自然地理三方面的理论研究与应用实践大大推动了我国综合自然地理学的发展。80年代,他任《中国大百科全书·地理学卷》编辑委员会主任,在推动大学地理教学改革和介绍国外地理学的新进展方面发挥重要作用。他长期从事地理教育,曾任中山大学、西南联合大学、清华大学、北京大学教授,培养了大批地理学人才。他还关心中小学地理教育,发表了一些科普著作。

林超,字伯超,1909年4月13日生于广东省揭阳县(今揭阳市)。林超的父亲从小学起,每天晚饭前都要背一首唐诗;10岁时,其作文经常"挂堂"展览,老师批语:"十岁童子,写如此文章,甚是难得。"受父亲的熏陶,林超幼时对文科产生浓厚兴趣,17岁时获奖学金入岭南大学文科学习,次年转入中山大学哲学系。在学习哲学系课程之外,他还选修了一些外系课程,其中俄籍教授史禄国讲授的"人类学与民族学"课程多涉及人类演化与环境的关系,引起他的极大兴趣,对地理学的注意遂由此而生。1929年,中山大学创建了地质地理系,林超师从瑞士教授汉姆学习地质学,随德国教授克勒脱纳学习自然地理学。从此,地理学成为他一生所探索

王　烈　谭锡畴　袁复礼　孙云铸　冯景兰　张席禔　王恒升　张印堂
陶绍渊　李宪之　洪　绂　赵九章　钟道铭　**林　超**　鲍觉民　米　士

与传播的学科。

1930年，林超虽从中山大学哲学系毕业，却被聘为地理系的助教，成为克勒脱纳的得力助手。经过几年地理教学与野外调查、研究的锻炼，1934年，林超又以优异成绩考取中英庚款留学生资格，到英国利物浦大学地理系，师从著名地理学家罗士培（Roxby）教授，1938年获博士学位，成为该校历史上第一位中国地理学博士。当时，抗日战争已爆发一年，广州形势十分危急，林超没有接受罗士培的邀请留在英国，毅然回到广州，临危受命担任中山大学地理系主任。1938年10月，在日军飞机的轰炸下，中山大学搬迁到粤北，林超任理学院代理院长，组织搬迁后的学院教学工作。1939年，他受聘任西南联合大学地质地理气象学系教授，当时，该系地理学专业教师少、任务重，他一年讲授了地理通论、北美洲地理等六门课程。

1940年，中国地理研究所在重庆北碚成立，林超是该所筹建人之一，任人文地理研究组组长，并先后担任副研究员、研究员。在当时极端困难的情况下，他组织并领导了嘉陵江流域的地理考察活动；1943年又参加了新疆的调研活动，负责人文地理学部分。抗日战争胜利后，中国地理研究所迁到南京，林超被任命为所长。1949年春末，他作为中国地理学界的代表去葡萄牙里斯本参加国际地理联合会第16届大会。这是我国第一次派学者参加该会。在会议进行之际，南京已经解放。1950年春，林超回国，不久受聘任清华大学地学系教授。1952年，因全国高校院系调整，林超转入北京大学，先后任地质地理学系、地理学系教授，直到1991年逝世。此外，他曾兼任复旦大学（1942）、金陵女子大学（1947）教授。

1947年11月林超（左二）参加中国地质学会第23届年会，在台湾日月潭调研（林燕辉提供）

在社会职务方面，林超教授历任中国地理学会理事、名誉理事、自然地理专业委员副主任、《地理学报》编委，北京地理学会理事长、顾问，中国大百科全书总编辑委员会委员兼《地理学卷》编辑委员会主任，全国自然科学名词审定委员会委员兼地理学名词审定委员会主任，中国地名委员会学术顾问，《中华人民共和国地名词典》编纂委员会学术顾问，中国地名研究会顾问，国际地理联合会景观综合工作组成员，加拿大景观生态和管理学会终身会员，北京市第五届、第六届政协委员。

对林超长达61年的地理学教学与研究生涯，曾昭璇教授在他八十寿辰所作的发言进行了精辟概括："如以竺可桢先生为中国现代地理学的第一代开山大师，那么，林超师就可说是属于发展我国地理学的第二代人物之列。特敬作祝寿诗为贺：'盛世贤能八十翁，中华地理第一峰。渝州创所开勋业，南国先成专业功。燕园桃李已葱茏，海外交流意气雄。敬仰南山思轶事，风流独领一师宗。'"

一、云南"大理冰期"的发现者

1930年5月，林超与克勒脱纳一起去云南进行地理考察，同行的还有8位学生。这次是中山大学地理系首次较大规模的野外地理考察活动。他们从东部云南高原开始，横穿西部的横断山脉，当地交通不便，道路崎岖，除骑马外，只能步行，加上雨季，泥水四溢。作为克勒脱纳助手的林超，上要照顾师长，下要关注学生。在大理，他们登上海拔4000米的点苍山龙泉峰，发现了第四纪冰川遗址，并对遗址所在地进行详细考察，制作了测绘图。考察活动结束后，林超协助克勒脱纳整理出版了《云南地理考察报告》和《云南地质地貌》等论文，引起国内外学者的极大关注。由于这次对点苍山的冰川是首次学术发现，有人在法国的国际地理文献上做了报道。后来，维斯曼把它定名为"大理冰期"，为学术界广泛运用。

二、我国人文地理学的开拓者

20世纪20年代，我国开始在高校建立地理系，培养地理学人才，并采用新的地理学思维研究中国地理。40年代,林超进入中国最早的地理研究机构——中国地理研究所,并担任人文地理研究组组长,因此,得以开创我国人文地理方面的学术研究。中国地理研究所在成立的第二年,便组织了嘉陵江流域的地理考察活动,林超负责其中的人文地理方面的研究。林超等人步行4000多千米,涉及17个县,1946年将成果《嘉陵江流域地理考察报告》出版。当时,在西方的人文地理研究中非常注意聚落的特点。在《嘉陵江流域地理考察报告》中的"聚落地理"篇中,林超特别注意聚落的形态与环境、民俗等方面的关系,并在聚落的等级与空间结构的联系以及聚落分类上提出一些新的思想。这与著名的克里斯塔勒的"中心地"理论在学术思路上是一致的。

第二次世界大战爆发后,纳粹德国横扫西欧,不久将矛头转向东欧,以闪电战进攻苏联并频频得手,世界形势错综复杂,扑朔迷离,大战的前途是许多人十分关心的问题。林超于1941秋发表了《第二次世界大战之地理基础及其展望》一文。文中对民主国家与轴心国的土地、人口、资源以及军备和交通情况做了对比与分析,认为民主国家以其地理基础在长期战争中,有胜利把握;而轴心国地理基础差,"故主速战速决"。他指出,未来民主国家应"以人力配合其天然之优点,利用其伟大之潜力,以克敌制胜,是在民主诸国自为之耳"。当时之断言,不失为一篇主要政治地理之佳作。

在经济地理方面,1942年,林超研究了嘉陵江与三峡的煤业地理;1945年,他与陈泗桥合作发表的《四川盐业地理》,对盐业之沿革与统制、川盐之采制、盐业分区及其对人文景观的影响和盐业发展的措施都作了深入分析。他在人文地理方面涉及的面相当广,并有独特的分析与成就,对中国人文地理学研究的开拓起了重要的推动作用。1933年在云南考察时,他在《地理季刊》上发表了《滇缅北段未定界之地理及政治问题》;1943年,研究了秦岭与大巴山的交通状况。

三、为珠穆朗玛峰正名

1955年秋,中国科学院副院长竺可桢将珠穆朗玛峰由来的问题委托林超进行研究。

珠穆朗玛峰是我国西藏地区喜马拉雅山中一座山峰,我国于1719年完成的《皇舆全览图》上就已绘上此峰。1921年藏地满文地名汉译为"朱母郎马阿林"（满文称"阿林为山"）。1850年，印度测量局测出珠穆朗玛峰为世界最高峰，当时该局的局长是埃佛勒斯，有人竟将该峰命名为埃佛勒斯峰，致使世人皆知，而珠穆朗玛峰之名无人提及。

  林超在接受此任务后，用了三个多月的时间，全力以赴，废寝忘食，查阅了大量中外文献，特别是我国的一些古籍，进行了周密细致的分析研究。他发现在《皇舆全览图》及根据该图绘制并于1737年在海牙出版的《中国新地图》上就刊有珠穆朗玛峰名。他指出，珠穆朗玛是藏语"女神第三"的音译，而且查出《皇舆全览图》是由中国测量队员胜住、楚尔沁藏布和兰本占巴三人所测。林超提供令人信服的资料，驳斥了英国人不符合地理命名的传统作法的谬误，理直气壮地为珠穆朗玛峰正了名。他的《珠穆朗玛的发现与命名》一文，受到竺可桢和黄炎培的高度赞赏。黄炎培致信他说，此文"有益于世道之作"。该文发掘与整理了大量当地的地理和地名资料，为我国后来的登山队攀登珠峰壮举提供了许多有用的资料。

四、提倡进行综合自然地理研究

  20世纪50年代，我国吸收当时苏联在综合自然地理研究方面的成就，在国内推动综合自然地理研究的发展。林超在英国留学时，就在地理区划先驱罗士培教授的指导下完成了《南岭之地理特征及其在中国区划上之意义》的论文。新中国成立后，他与冯绳武、关伯仁三人合作，于1954年就拟订了全国综合自然地理区划。他们依据地带性和非地带性因素，把全国分为4大部分，10个大地区和105个亚地区。这个方案比以前历次自然地理区划跨进了一大步，基本上反映了全国自然地理的原貌，为以后的中国自然地理区划研究提供了借鉴。

  20世纪50年代末，在林超的倡导下，在北大举办了全国自然地理进修班，邀请当时苏联著名的自然地理学家A．Γ．伊萨钦科主讲。林超借鉴苏联的经验，结合这次进修班与他本人在河北及其附近地区的研究实践，对区划方法作了深入探讨，提出了"自上而下"与"自下而上"相结合的划分方法。"自上而下"，就是在具体的研究中，要先从地区和地带等高级单位往下看，充分利用全国自然区划的方案，同时也参照所研究地区的具体景观材料；反过来，可用"自下而上"的方法来修正

| 王烈 | 谭锡畴 | 袁复礼 | 孙云铸 | 冯景兰 | 张席禔 | 王恒升 | 张印堂 |
| 陶绍渊 | 李宪之 | 洪绂 | 赵九章 | 钟道铭 | **林超** | 鲍觉民 | 米士 |

1959年林超（后排右一）在北京大学与苏联留学生合影
（林燕辉提供）

高级单位的区划方案。他的这一辩证思维方法为很多人所接受，对我国自然区划工作带来深刻影响。

林超在这种思维方法的主导下，发表了《北京山区土地类型及自然区划的初步研究》和《北京山区土地类型研究的初步总结》等论文，在区划与土地类型的应用结合的实践中取得重要成果。这方面的研究成果及思维方法上的开创，也反映在他与赵松乔教授合作写出的《中国自然地理·总论》中。该书获得中国科学院科学技术进步一等奖。

五、勤于耕耘的地理教育家

林超的一生绝大部分时间是在高等学校度过的，他先后受聘于六所大学，开设诸多课程。他在讲课中广征博引，条理清晰，深入浅出，教学效果十分显著。他指导过两名博士后、十名博士和十多名硕士。在改革开放后，他利用与国际上学者的广泛联系，邀请多位知名学者来华讲学，使北京大学地理学系与一些世界著名大学地理系建立了校际交流。他还热情推荐一些中、青年地理学者到国外进修。

20世纪80年代，我国地理教育进入拨乱反正之时，地理学高等教育如何吸取国外先进经验走上迅速发展的道路，成为业界关注的焦点。林超适时发表了《关于高等学校的地理教育》与《试论地理学的性质》两篇论文，论述我国高等地理教育应调整的方向及地理教育应遵循的理论体系。

林超曾担任北京地理学会理事长，特别关心中小学的地理教育情况。为提高北京市中小学地理教育的教学水平做了很多工作。他还亲自参加科普教育活动，发表了很多地理科普著作。

1983年1月15日张相文先生逝世50周年纪念会在北京大学举行，林超致开幕词（林燕辉提供）

六、为人直道正行　学术前进不止

林超的前半生，是生活在旧社会，因此，难免与一些历史事件有牵连，与许多过往人物有瓜葛，在20世纪六七十年代的政治运动中，也受到多次冲击。但他常抱报国之心，不悲观失望，不止步不前。他这种在为人上的直道正行、在学术上的前进不止的精神受到人们的敬仰。

《珠穆朗玛的发现与命名》正是他身处逆境之时写出的。那时，他不但没受外界的影响，反以紧迫的使命感，全力以赴，在很短时间内完成此任务。在学术上，他是学哲学出身，后才转向地理学，但是非常喜爱人文地理研究方向，所以在中国地理研究所成立后，他担任人文地理学组的组长。无论是在自然地理的野外考察活动中，还是在人文地理的专题研究中，他在聚落地理、政治地理、交通地理和历史地理等方面都取得过开拓性的成果。新中国成立后，由于受苏联地理学界的思想影响，国内把人文地理当做"资产阶级地理学"而予以扼杀，人文地理也从大学地理系的课程表上消失。在这种情况下，年近半百的林超不得不改行，放弃人文地理，转向自然地理研究。在此期间，他如饥似渴地学习苏联有关自然地理学的研究成果，在北大地理学系，凡是苏联专家的讲课，都可以看到林超的身影；他与进修教师和研究生一起听课，参加讨论，不断地记下专家讲课的内容与讨论会上的发言。正是这种不倦的学习精神，加上良好的地理学基础与实践经验，使他很快从一个"学生"，转变成一个掌握苏联地理学的理论与思维，而且能与中国国情相结合的学者。林超教授终于在自然区划、土地类型和综合自然地理研究三个不同等级、不同侧面、不同概念之间发现相互转换和联系，成为有所创新的学者，因而得到中国自然地理学界其他同行的尊崇。对他的年龄、身份与地位来说，这种转变是困难的，但是从他那从不满足已有成就，始终抱着科学探索的精神来说却是顺理成章的。

"文化大革命"结束后，林超身体较弱，走路不稳，但他对此却很少注意，只是对过去十年失去工作机会而深感遗憾，于是想用接下来的时间予以补偿。由于年事已高，他将精力多放在培养青年人的身上。他对自己的研究生认真进行培养，还多方寻找机会将其中的优秀者送到国外学习。此外，他特别关注中外的学术交流，以提高中国地理学的学术水平。

在学术方面，他非常注意国际上在自然地理方面的新发展，当他了解到国外景观生态学这一自然地理学新方向后，就多方面收集书籍和资料，与国外著名学者就这个领域进行交流联系，并在国内通过各种方式进行推动，使我国的景观生态学研究得到较快发展。对20世纪80年代的前10年，林超曾说："这十年是我心情最舒畅，工作、生活条件最好的十年。"

1991年6月1日，林超先生与世长辞，他的一生是为中国地理学和中国地理教育事业发展而奉献的一生。老友黄秉维说："他（林超）守正不阿，从不为名利地位而玩弄手段，损人利己。他正道直行、不断地积极工作，即使在工作条件很差、经济情况很困难的时候，他还是悠然自得、安之若素，不悲观失望、不止步不前。他从不拉帮结派，更未尝曲意逢迎，苟悦取容。在他身上，我虽未见过洋溢的热情，但他关心、照顾、体谅别人的胸襟却如清泉长流、涓涓不绝。从他口中，我没有听到过虚伪的谦逊。他服从真理，不固执，也不随人然若的精神却坚持不渝，不以时间、地点为转移。"

林超先生一生乐观、坚持，正如他于1943年在新疆参加考察时所述："男儿须作万里行，四海为家安此生。白马投荒苦何在，征途处处乐无垠。"他留给我们的是对人生征途应有"乐无垠"的乐观主义精神。

（王恩涌）

林超简历：

1909年4月13日　出生于广东省揭阳县（今揭阳市）。

1926年　获奖学金入岭南大学文科学习。

1927年　转入中山大学哲学系学习。

1930年　毕业于中山大学后即留校，被聘为地质地理系助教。

1934年　考取中英庚款留学生，往英国利物浦大学地理系留学。

1938年　获利物浦大学博士学位；归国就任中山大学教授和地理系系主任，不久被任命为中山大学理学院代理院长。

1939年　任西南联合大学地质地理气象学系教授。

1940~1949年　参与筹建中国地理研究所，历任副研究员、研究员、人文地理研究组组长和地理研究所所长。

1949年　代表中国赴里斯本参加国际地理联合会第16届大会。

1950~1952年　任清华大学地学系教授。

1952~1991年　先后任北京大学地质地理学系、地理学系教授。

1991年6月1日　在北京病逝。

林超主要著作：

1.《滇缅北段未定界之地理及政治问题》，《地理学季刊》，1933年。

2.《乡土地理调查手册》，《地理》，1941年。

3.《第二次世界大战之地理基础及其展望》，《地理》，1941年。

4.《四川盐业地理》，《地理》，1945年。

5.《嘉陵江流域地理考察报告》，《中国地理研究所地理专刊》（第一号），1946年。

6.《秦岭与大巴山对于四川与西北交通之影响》，《地理学报》，1947年。

7.《聚落分类之讨论》，《地理》，1948年。

8.《中国自然地理区划大纲》，1956年。

9.《珠穆朗玛的发现与命名》,《北京大学学报》,1958年。

10.《北京西山清水河流域自然地理》,科学出版社,1959年版。

11.《河北省及其附近地区自然区划工作的一些经验》,《地理学报》,1960年。

12.《中国综合自然区划界线问题》,《地理》,1962年。

13.《北京山区土地类型研究的初步总结》,《地理学报》,1980年。

14.《试论地理学的性质》,《地理科学》,1981年。

15.《中国现代地理学萌芽时期的张相文和中国地理学会》,《自然科学史研究》,1982年。

16.《关于高等学校的地理教育》,《地理科学》,1982年。

17.《阴阳坡在山地地理研究中的意义》,《地理学报》,1985年。

18.《国外土地类型研究的发展》,科学出版社,1986年版。

19.《地理学与地理人才培养》,《地理知识》,1988年。

20.《世界各国土地分类单位等级系统对比》,上海科学技术文献出版社,1992年版。

本文参考文献:

1.李昌文、朱文元:《征途处处乐无垠——访北京大学林超教授》,《地理》,1985年第1期。

2.中国科学家辞典编委会:《中国科学家辞典》(现代第五分册),山东科学技术出版社,1986年版。

3.秦其明:《林超教授对中国地理学的贡献》,《地理学与国土研究》,1989年第2期。

4.王恩涌、秦其明:《悼念林超教授》,《地理学报》,1991年第3期。

5.卢嘉锡主编:《中国现代科学家传记》(第六集),科学出版社,1994年版。

6.中国科学技术协会编:《中国科学技术专家传略·理学编地学卷(2)》,中国科学技术出版社,2001年版。

大师风范
——著名经济地理学家、地理教育家鲍觉民教授

鲍觉民，著名经济地理学家、地理教育家，我国大洋洲地理研究的开拓者，复兴人文地理学的倡导者之一，新时期政治地理学研究的领头人。前后从事经济地理学研究和教学61年。在引进西方经济地理学研究方法、培养经济地理学人才方面做出了重要的贡献。

鲍觉民，1909年8月3日出生于安徽省巢县，小学毕业后就读于南京东南大学附中。1929年秋被保送到南京中央大学地学系，先学了一年的地质专业，后转入地理系；1933年毕业后，受聘于南开大学经济学院，任经济地理教员，1936年升任讲师。1937年考取庚款留英公费生，是年9月赴英国伦敦大学政治经济学院，师从于曾任国际地理联合会主席的著名经济地理学家斯坦普教授。1940年夏，以《中国运输地理研究》的毕业论文获得博士学位；同年秋回国，受聘西南联合大学地质地理气象学系，任教授。1946年9月，应英国文化协会的邀请，作为访问教授，前往英国讲学；1947年回国，任职于南开大学经济系和经济研究所，直至1994年去世。其间，1956~1957年兼任北京国际关系研究所研究员，1982年、1988年，先后代表中国参加在巴西和澳大利亚召开的国际地理大会。

1949年之后，鲍觉民曾任九三学社天津市委员会副主委，南开大学台湾研究所所长，天津市人民政府咨询委员会副主任，大洋洲经济研究会副会长，中国地理学会理事兼人文地理专业委员会主任，《人文地理》主编等职务。1985年加入中国共产党。

一、一颗爱国心　执教六十载

鲍觉民的青年时期是处在军阀混战、民不聊生的年代，作为一个热血青年，他时刻想着如何才能使自己的祖国富强起来，不受外国列强的凌辱。因此，他在选择专业时，毅然进入中央大学地学系。在上大学四年级时，老师带领他和同学们去野外实习，到山东的泰山、济南、青岛及黄河等地调查。当他亲身领略到祖国美丽富饶的大好河山时，心中无比激动，同时他也看到贫穷落后、满目疮痍的情况。在这次实习中，有两件事使他感触极深。一件事是当他们来到济南黄河大桥时，看到黄河无比雄伟壮观，然而脚下的大桥用的全是英国的钢梁，没有自己祖国的产品。另一件事，带队的老师是一位德国教授，他手里拿着德文版的中国地图，并指着图上的青岛和胶州湾说，这是德国人建设起来的。这一切深深地刺痛着鲍觉民的心："难道中国的土地上，尽是外国人的天下？"从此，他暗下决心，要为改变祖国的贫穷落后面貌而发奋学习。1937年春，他考取了留英庚款留英公费生，1940年获得伦敦大学的博士学位。他在英国学成之时，正值日本侵华期间，他怀着报效祖国的心愿，偕同夫人回到祖国任职。

鲍觉民自1933年8月应聘至南开大学，先后讲授自然地理、经济地理课程，并为研究生开设专题课等。他在南开大学先后执教61年，任教授54年，这在该校校史上是极为少有的。抗日战争期间，南开大学南迁昆明，与北京大学、清华大学联合组成西南联合大学。自1940年秋季起，鲍觉民就任西南联大地质地理气象学系教授，讲授经济地理学概论、中国经济地理、人文地理、亚洲地志、北美地志等课程。由于他年轻时勤学苦读，所以博学多才、通今达古，他的讲课内容丰富、材料翔实、表述幽默而富有情趣，深受学生们欢迎。许多年逾古稀的校友，至今还记得鲍先生讲课时的情景和观点。

这里要提到的是在抗日战争中期，为接受盟军的军事和经济援助、协调同盟国对法西斯作战的需要，需要大批翻译人员，南京国民政府委托西南联大部分教师组成三人领导小组，负责组织和管理译员训练班教学工作的事务。鲍觉民受南开大学的委托，参加了这个训练班的领导工作，这也是国内系统地培养高级翻译人员的一次尝试。

鲍觉民作为当时的年轻教授之一，一直深受南开大学张伯苓、杨石先等老领导的器重，不断地被委以重任，先后担任经济系主任、经济学院院长、训导长、经济研究所所长等重要职务。在抗战胜利后，他为南开大学的复校工作做出了重要贡献。

20世纪70年代，我国实施改革开放政策后，鲍觉民虽已年过花甲，但壮心不已，他认为应该抢回失去的岁月，正是自己可以奉献才智、发挥专长、培养人才、报效国家的良机。为此，当国家急需经济地理学方面的高级人才时，他在1978年再次投身于培养研究生的工作（他曾于1950、1964年两度招收研究生）。1984年，他又成为博士生导师，培养了大批的专门人才，一直到1994年去世。他对研究生循循善诱，谆谆教导，关心他们的学习、生活和思想进步。现在他的学生遍布全国及海外，其中不少已成为知名学者。

鲍先生不仅是一位治学严谨、中学西学兼备的著名学者，又是一位胸怀坦荡、待人至诚、淡泊名利、平易近人的长者，因此，深受南开大学师生员工的尊敬和爱戴。

二、开展科学研究　重视实地考察

鲍觉民深深了解经济地理学的实践性和应用性特征，也亲身体会到该学科对社会经济发展的重要性，因此特别重视实地考察。他利用一切可能的机会考察中国和世界许多地区的经济地理环境，足迹踏遍五大洲和四大洋，在国内除青海、西藏、新疆外，其他省、区、市都涉足过。

鲍觉民对天津情有独钟，大学毕业后受聘于南开大学工作之初，便利用每个星期日的上午，对照地图，骑自行车考察市内的街区和近郊。年复一年，他几乎走遍了天津市的大街小巷和周边村落，在此基础上，对天津市聚落的兴起及其城市的发展方向等问题，他都提出了自己的看法。新中国成立以后，他仍坚持用理论联系实际的方法，继续进行这方面的研究，并取得了丰硕成果，发表了论文《天津都市聚落的兴起与发展》，并与他人合作出版了《天津》一书，这是新中国成立后第一部论述天津市的地理专著，在国内外产生了很大影响。1984年，他在德国波鸿大学出版的介绍新中国城市和区域规划发展的论文集上，发表了《天津城市地理的特征及其发展前景》一文。正因为他对天津的深入研究，成为国内外研究天津地理的资深学者。

为了探讨中国经济地理问题，鲍觉民不辞辛劳到全国各地进行实地考察。1936

地球奥秘的探索者

王　烈　谭锡畴　袁复礼　孙云铸　冯景兰　张席禔　王恒升　张印堂
陶绍渊　李宪之　洪　绂　赵九章　钟道铭　林　超　**鲍觉民**　米　士

年，他在四川省成都平原进行了长达半年的经济调查，足迹几乎遍及成都平原各个县市；任职西南联合大学期间，滇、黔、川等省许多穷乡僻壤也先后留下了他的足迹。他在经济地理学方面的两篇代表作——《成都平原之水利》和《云南呈贡县落龙河区的土地利用》，就是在实地调查的基础上写成的，深受当时经济地理学界的重视。后来，他又踏上了内蒙古草原和其他许多地区。1983年，他不顾74岁高龄，应邀赴吉林省智力支边，并登上海拔2700多米的长白山脉主峰。

鲍觉民教授是把西方经济地理学理论应用到我国实践的先行者之一，尤其是在运输地理方面。1933年，他在天津《大公报》上发表了《天津港口发展之地理背景》，后又经过大量的调查研究，在天津和香港版的《大公报》经济问题专栏内，先后发表了《陇海路之完成与开发西北》、《滇缅公路》等论文，并以运输地理为内容完成了自己的博士论文。同时，他对商业地理也有颇为深入的研究，其中许多成果反映在他所讲授的经济地理概论和中国经济地理等课程中。

这里要特别提起鲍觉民在西南联大工作期间的一件事。当时，他是一位较有名气的青年教授，与费孝通、戴世光、伍启元等人被称做"联大少壮派"，他们曾联名写了三篇文章，评论重庆政府的经济政策，揭露孔祥熙、陈立夫、陈果夫大发国难财的黑幕，在《大公报》上发表，颇有社会影响。另外，鲍觉民的著述《我国必须收复台湾》，在当时也有重要的意义。

鲍觉民教授利用出国留学和参加国际学术活动的机会，访问世界各地，增强了对各种地理事物的感性认识。早在1937年赴英国求学途中，他放弃上岸游览开罗等地风景名胜的机会，航行了苏伊士运河的全程，仔细观察了它的运输状况及两岸的建筑设施。1940年在英国学成回国时，由于第二次世界大战期间地中海航线中断，他坐的轮船要绕道非洲好望角东返，途经西非、南非和东非许多港口作短期停留。他利用这一机会，了解了非洲一些国家的政治、经济情况。1946年他再次赴英，并在曼彻斯特、阿伯丁等10所大学巡回演讲，介绍中国人民进行抗日战争的情况；同时，在这些大学主讲中国土地利用、中国人口问题等专题。这一期间他遍访了英格兰、苏格兰、威尔士和北爱尔兰，特别是对英格兰湖区土地利用试点情况作了比较深入的调研。1982年，他已73岁高龄，借出席在巴西召开的国际地理联合会学术讨论会之际，不顾炎热的天气，访问了开发中的亚马孙河流域及散布其中的印第安人村落。1988年，国际地理联合会在澳大利亚召开大会，他又在会议之余，访问了该国的城市、港口和乡村。正是因为他见多识广、博学多才，所以他的著述涉及面很宽，学术思想不断适应形势的变化。

三、深入探索　不断追求

1956年，鲍觉民就曾提出地理学要为政治服务这一观点。然而长期以来，作为人文地理学分支之一的政治地理学，在我国一直被忽视，他的想法难以付诸实践。党的十一届三中全会之后，他写出了《论政治地理学的若干理论问题》和《再论政治地理学的若干问题》两篇以倡导政治地理学研究为目的的学术论文。

1964年，国家号召展开外国政治、经济、历史、地理等问题的研究，教育部将研究大洋洲经济和地理问题的任务交给了南开大学经济研究所。该所成立了以鲍觉民教授为核心成员的大洋洲研究室。1981年出版的《世界地名词典》和1990年出版的《中国大百科全书·世界地理》中的大洋洲部分词条，主要是由鲍教授率领南开大学大洋洲研究室相关人员撰写的。同时，鲍教授还发表了《关于大洋洲的地理概念及其区域范围的几个问题》一文，对这个长期以来一直在争论之中的问题提出了自己的意见。为此，他的工作得到了学界的广泛承认，南开大学经济研究所大洋洲研究室成为我国大洋洲的研究基地。

对于地理学两大分支学科之一的人文地理学的发展，鲍觉民教授一向十分关

南开大学经济学院部分老教授合影（左三为鲍觉民）

心。20世纪80年代,他与李旭旦、吴传钧等著名地理学家一起,率先提出了"复兴人文地理学"的主张。随后,他积极参加了中国地理学会和其他一些机构所组织的一系列人文地理学讲习班的工作,向中青年地理学者传播人文地理思想,并于1985~1991年间,担任中国地理学会人文地理专业委员会主任和《人文地理》杂志主编,为人文地理学在我国的复兴尽心尽力。

鲍觉民教授的一生,是勤奋朴实的一生、奉献的一生,他的崇高品质和对地理学的贡献,将永远铭记在人们的心中。

(季任钧 吴 浙)

鲍觉民简历:

1909年8月3日	出生于安徽省巢县。
1929~1933年	在南京中央大学地学系地质专业及地理系学习。
1933~1937年	先后任天津南开大学经济学院教员、讲师。
1937~1940年	留学于英国伦敦大学政治经济学院,获博士学位。
1940~1946年	任西南联合大学地质地理气象学系教授。
1946~1947年	应英国文化协会邀请,作为访问教授,前往英国讲学。
1947~1994年	先后任南开大学经济学院、经济系、经济研究所教授。
1994年6月28日	在天津逝世。

鲍觉民主要著作:

1.《成都平原之水利》,《南开大学政治经济学报》,1937年。

2.《云南呈贡县落龙河区的土地利用》,《地理学报》,1941年。

3.《天津都市聚落的兴起与发展》,《南开大学学报》,1956年。

4.《天津》,新知识出版社,1958年版。

5.《大洋洲》,上海辞书出版社,1981年版。

6.《天津城市地理的特征及其发展前景》,波鸿出版社,1984年版。

7.《关于大洋洲的地理概念及其区域范围的几个问题》,《世界地理集刊》,1984年。

8.《人文地理学论丛:论政治地理学的若干理论问题》,科学出版社,1985年版。

9.《人文地理学的理论与实践》,南开大学出版社,1988年版。

10.《大洋洲》,中国大百科全书出版社,1990年版。

本文参考文献：

1. 鲍觉民：《解放前的南开大学经济研究所》，1982年。
2. 鲍觉民：《五十年前到南开任教的回忆》，《南开大学校刊》，1983年10月25日。
3. 姜素清、季任钧：《为发展我国政治地理学作贡献：访南开大学鲍觉民教授》，《地理知识》，1987年第2期。
4. 季任钧、吴浙：《悼念鲍觉民教授》，《地理学报》，1995年第2期。
5. 季任钧：《沉痛悼念鲍觉民教授》，《人文地理》，1995年第12期。
6. 刘纪远主编：《现代中国地理科学家的足迹》，学苑出版社，2002年版。
7. 曾涤：《人文地理学的开拓者——鲍觉民》，2004年。
8. 张东刚：《日就月将——南开大学经济研究所八十年》，2007年。
9. 梁吉生：《西南联大与南开大学——纪念西南联大建校70周年》，《南开大学报》，2007年11月2日。

地球奥秘的探索者

王　烈　谭锡畴　袁复礼　孙云铸　冯景兰　张席禔　王恒升　张印堂
陶绍渊　李宪之　洪　绂　赵九章　钟道铭　林　超　鲍觉民　**米　士**

多彩的人生
—— 著名地质学家、登山运动员、水彩艺术家米士教授

米士，著名变质岩石学家、构造地质学家。生于德国，经历了两次世界大战和多次社会动荡。一生大致分三个阶段，跨越世界三大洲。早期，在德国师从著名大地构造学家施蒂勒，受哥廷根大学名师们的熏陶，打下了构造地质学和变质岩石学的坚实基础。中期，受德国法西斯的迫害，来到中国，先后在中山大学和西南联合大学任教；日本帝国主义发动侵华战争，迫使他辗转于华南和西南。但他坚持研究，涉猎较广，特别在地层构造和变质造山带等方面有许多建树。后期，第二次世界大战结束后，移居美国，是美国西北部地质构造研究的开拓者。他从小练就的水彩绘画和攀岩登山功底，在其后学术生涯中发挥了很大作用。他讲课生动，内容丰富，指导了120多名博士、硕士。他重视实践，强调野外工作及坚忍不拔的精神。

米　士

一、在德国奠定构造地质学和变质岩石学基础

米士（Peter Hans Misch），1909年8月30日出生于德国柏林一个书香门第，其父乔格·米士为哥廷根大学哲学教授，外祖父狄尔泰是德国著名的哲学家。米士从小聪颖好学，5岁学习水彩画，6岁练习滑雪，10岁上山采化石，14岁时就开始了严格

的登山训练。他从小就培养了热爱自然、探索未知、坚忍不拔的精神，同时也锻炼了身体，强健了体魄，为日后在艰苦环境下工作打下了坚实的基础，并终生受益。孩提时，米士就特别着迷于化石和岩石。一次户外活动，他巧遇著名地质学家施蒂勒的一些学生，耳濡目染，潜移默化，便对地球科学产生了浓厚的兴趣，最终走上了地质之路。作为"地质神童"，米士23岁就获得了哥廷根大学哲学博士学位，博士生导师正是他仰慕已久的大地构造学家施蒂勒。做博士论文期间，米士兼任助教，协助指导高年级学生在欧洲阿尔卑斯造山带野外实习，进行地质填图。当时著名岩石学家、地球化学家戈尔德斯密特和科伦斯等也在哥廷根大学任教，米士特意选修了变质岩石学课程，为他日后运用岩石学和地球化学知识研究变质作用在造山带中的作用，以及运用多学科方法解决地质问题，奠定了良好的基础。他的博士论文是研究西班牙北部比利牛斯山脉中部一个地区的地质构造和变质作用。做论文时，他干脆带上睡袋，住在山上，日出而作，日落而息。他是施蒂勒最出色的学生之一，日后还是施蒂勒的得力助手，1932年完成论文取得博士学位后，留在哥廷根大学任教。米士的地质科学与登山运动紧密结合的特殊背景，受到德国喜马拉雅登山考察队首任队长Willy Merkl的青睐，他应邀加入科学考察队。他于1934年赴喜马拉雅克什米尔境内，实地考察南迦帕尔巴特山及周边地区的岩石和构造，开始酝酿了他许多年后才发表的关于花岗岩化的论说。此次考察中遇到大风和暴雪，一些队员被困遇难，米士和另一名队员虽作了顽强的努力，但也未能成功地到达高山营地。

返回德国以后，米士开始研究考察带回的材料。然而，德国纳粹对犹太人的迫害不断升级，变本加厉。作为路德教的教友，米士了解到自己母亲是犹太人，犹太人的血统使他的家庭安全受到威胁，他突然感到自己并不属于德国，便不得不背井离乡，离开生他养他的祖国。1936年，他带着年轻的妻子和襁褓中的女儿来到中国传教。离开德国时，他拒绝了德国纳粹要他上交南迦帕尔巴特山考察资料的命令，将野外记录、薄片、小块岩石标本随身偷偷带出国外。从此以后，他基本上切断了自己与德国文化的联系，甚至与老朋友讲德语都带有很大勉强的成分。

二、在中国对地层构造和变质造山带的研究多有建树

米士的导师施蒂勒将他介绍给时任中国浙江省政府主席兼民政厅厅长的朱家

骅，后者早年留学德国，施蒂勒是他的老相识。朱家骅曾任中山大学地质学系主任，便将米士介绍到中山大学地质学系任教授，并兼任两广地质调查所研究员。从1936年秋季起，米士在中山大学主讲普通岩石学、构造地质学、地质测量等课程。其中，普通岩石学为地质、地理两系学生合上。1937年七七卢沟桥事变之后，日本帝国主义发动了全面侵华战争，占领华北，并将魔爪逼近广州。1938年10月，中山大学被迫迁离广州，米士的妻子因病携女儿回到德国，不幸在德国法西斯对犹太人的大屠杀中遇难。女儿16岁时才从德国到达美国，在西雅图与阔别15年的父亲相见，这是后话。

中山大学于1939年2月搬迁至云南澄江，在极端困难的情况下坚持办学。杨遵仪教授任地质学系主任，米士主讲的课程有岩石学、构造地质学、区域变质及野外地质实习等。1939年秋，滇南物价暴涨，师生生活更加困难，中山大学于1940年7月从澄江迁至粤北坪石。而米士则留在云南，转至西南联合大学任教。

1940年夏，米士受聘任北京大学地质学系教授。抗日战争爆发后，北京大学与清华大学、南开大学在昆明组成国立西南联合大学，米士也就成为西南联合大学的一位成员，任地质地理气象学系教授，主要讲授普通地质学、构造地质学、岩石学、地质测量等课程，还为高年级学生和研究生开设了新课程——区域变质作用和欧洲造山运动。他对教学工作认真负责，构造地质学课程还编有英文讲义，由学生组织力量油印出来。著名学者刘东生先生后来回忆说："米士教授不但知识渊博，上课生动，他孩提时的绘画功底，使他黑板上的地质素描十分精美；而且他常把登山器械带入课堂，给学生示范攀岩技巧，使学生对地质学产生了浓厚的兴趣。"米士对大地构造学和区域变质作用研究精深，课程中涉及地槽、地台、地壳变形、花岗岩化、混合岩化等理论问题，他将最新理论和自己的研究成果介绍给学生，引起大家极大的兴趣。在他的培养下，许多学生毕业后立即就可以独立进行地质制图和地质调查工作。他所讲授的课程和在云南西部从事的区域变质作用的研究工作，极大地激发了学生和年轻教师的热情。例如，张炳熹和池际尚在美国的博士论文、董申保在法国的博士论文、马杏垣在苏格兰的博士论文，都是讨论区域变质作用的。这四个人返回中国后都任教授，开展科学研究，大大促进了中国区域变质作用的研究。陈梦熊毕业后到西北工作，对兰州黄河边出露的皋兰系变质岩十分感兴趣，发表了他在西北工作的第一篇论文《甘肃中部的变质岩系》。

米士擅长野外地质调查，他功底较深，观察敏锐，填图迅速，素描图和剖面图画得准确、美观，这些长处给他的学生以很大的教育。在西南联大工作期间，他几乎每个星期日都与学生在一起,把时间花在昆明的边远郊区进行地质工作。在野外教学生如何填图时,每到地层交界或构造变化等关键部位,他就停下来让学生自己观察、讨论,最后自己再讲解,并边画边讲,给学生的印象特别深刻。在日本入侵中国的日子里,米士和他的学生在野外也经历了各种艰难困苦,他们睡在农民的小茅草房里,或已经毁坏的破旧房屋中,吃的是白水煮面。但他从未抱怨过,而且很乐观,经常和学生们开玩笑,因而在学生中造成一种欢乐而朝气蓬勃的气氛。有一次,他带领学生到抚仙湖畔的澄江县实习,爬完一座石灰岩形成的小山后,在湖畔休息。他突然说:"我有一个问题要考一考诸位,请大家注意,那边近岸湖水中的一块灰色'露头'是什么岩石?"一位同学立即回答说:"石灰岩。"有些同学也附和。米士建议那位同学亲自去取一块标本来。那位同学充满信心地将要接近那"露头"时,那块"岩石"却出人意料地摆动起来,再走近一看,原来是躺在水里的一头大水牛。大家不禁哈哈大笑。米士教授最后笑着说:"做地质工作,光用眼睛在远处看是不够的,必须到跟前,用铁锤敲下标本,仔细观察后,才能做出正确结论。"听完这番话,大家深受启发,从此以后在野外调查时,都要养成先取标本实地仔细观察的好习惯。

米士在云南期间的研究领域非常广泛,成果也很丰富,他关于云南东部震旦纪地层学、石炭纪铝土矿床、红层、海相三叠纪的研究,以及滇西上二叠统(乐平统)的发现都是卓有建树的。他先后发表了《云南构造史》(1945)、《滇东昆明区之石炭纪岩相并兼论铝土矿之生成》(1946)、《滇西晚二叠世乐平统之发现》(1946)等论文。他关于云南东部震旦纪地层学的研究,为地层对比提供了进一步的基础,也是对扬子江三峡震旦系典型地区剖面的一个补充。他提出的"澄江运动"和"晋宁运动"这两个术语至今仍在中国地质学界使用。当他在云南的西北部苍山—金沙江—石鼓地区工作时,通过艰苦细致的野外观察,他提出了"红层变质作用"和"次生衰退变质作用"的概念。虽然他的假说并非完全正确,但这或多或少激励了后来者的研究工作。他根据从西至东地质构造的观察,总结了新造山变形的阿尔卑斯—德国型和震旦型之间的过渡关系。他开拓了云南西部新动力变质作用和阿尔卑斯造山作用的研究。震旦型是根据云南西部的证据对施蒂勒分类的一个补充概念。当米士研究震旦纪和石炭纪地层时,还注意了震旦纪磷块岩和石炭纪铝土矿的应用方面,推动了后来的勘探工作。他对喜马拉雅西北部地区和云南西北部地区的岩基范围的交代变质作用进行了较系统的研究。

三、美国西北部地质构造研究的开拓者

1946年夏,米士离开中国,先访问印度,在那里遇到印度地质调查所所长D. N. Wadia博士;然后去了美国,先在斯坦福大学任教,在那里遇到了他的妹妹,并开始研究他在中国采集的上古生界和三叠系化石。他在旧金山,结识了聪明活泼的妮可·罗森塔尔,两人相爱结婚。妮可后来成了米士事业上的得力助手。1947年,米士遇到了华盛顿大学地质系系主任古得斯皮德。古得斯皮德是一个热情的花岗岩化论者,他邀请米士到华盛顿大学工作。相同的学术观点,使两人一拍即合,相见恨晚。米士接受了邀请,在解决了一些困难之后,转到华盛顿大学任教,移居西雅图。他最后找到了一个家。1952年,他加入了美国国籍。

在华盛顿大学,他给本科生开设的课程有野外地质学、变质岩石学和构造地质学(现称"大地构造学"),给研究生开设的课程有区域地质学、欧洲及东南亚大地构造以及变质过程。他是一位鼓励型教师,激发许多学生继续进行研究生学习。他的传奇经历、浪漫人生、人格魅力吸引了100多位青年聚集在他的麾下攻读博士、硕士学位,开展地质研究。这些学生的研究涉及北美西北部、加拿大、阿拉斯加、内华达东部、英国、非洲及南北极等地。他要求研究生每周准备一篇论文,如果他们没有很好地准备,在每周的论文交流会上会受到严厉批评。米士会仔细检查学生做的岩石薄片,并提出问题,以确定该生有没有遗漏重要的矿物和构造。他对学生的论文逐节逐字进行审阅。他向学生灌输思想上和写法上严谨的作风,的确教出了一批很优秀的研究生。他的许多学生是滑雪运动员或登山运动员,为了让他们在附近的滑雪场进行"下坡研究",在冬季学期的星期四他不安排课程。在米士的指导下,超过125名青年获得博士、硕士学位。晚年,有时他怀疑是否为指导学生牺牲了自己太多的研究时间,然而,最终他认识到,学生们在学术和事业上的成功和有影响的地位,充分证明了他的成就。

关于花岗岩的成因,学界普遍认为是岩浆侵入形成的。但面对巨大花岗岩体如何侵入、侵入后原来的岩石去向等难题,结合混合岩和混合花岗岩之间的连续变化等现象,有学者提出了花岗岩成因的"花岗岩化说",认为花岗岩是通过深变质作用在原地产生的。由于米士广泛的考察和攀岩经历,使他成为"花岗岩化说"的铁

杆拥护者。他认为，花岗岩主要不是火成成因，相反，是变质作用旋回的最终产物，即从泥岩—页岩—板岩—千枚岩—片岩，最终到花岗岩。虽然"花岗岩化说"一直被抛弃，但米士的论文推理论证仔细，表述透彻，这些都是他的论文特征。

在美国地质学会（GSA）的资助下，1948年，米士开始对美国西部北喀斯喀特斯（North Cascades）地区前第三纪结晶质岩系的开拓性研究，这是一项花费了他整个余生的任务。当时，这个崎岖不平、灌木丛生、难以接近的地区在地质

米士（右一）与他的学生合影（1971年）

学上几乎是一个空白。至20世纪60年代中期，他已完成了这个区域大约5000平方千米面积的野外地质填图，1966年发表了《华盛顿州北喀斯喀特斯大地构造演化：西科迪勒拉格架的历史》一文。这是他和在这一地区工作过的研究生调查结果的一个综合，概括性地论述了该地区主要的逆冲断层、高角度断层及变质事件和深成岩事件。米士认为北喀斯喀特斯地区山脉的形成，经历了沉积、火山、变质等作用，最后东西受挤压，形成了南北向的造山带；造山带两侧强烈变形、变质的地层分别从东西两侧逆冲到中部弱变形、浅变质岩石地层之上，形成对称的逆冲和褶皱构造。虽然现代地质年代学、更精确的地质填图、板块构造学说要求重新分析这一地区，需要对米士的工作重新解释，但现代研究大都证实了他的一些基本结论。米士对喀斯喀特斯的研究仍然是这个地区未来工作的基础。

米士对区域地质的另一主要贡献是在大盆地区。20世纪50年代，他与John Hazzard一起，作为加利福尼亚州石油协会的研究顾问，对大盆地及周边地区的内华达州东部、犹他州西部以及爱达荷州南部进行了地质填图，在兼有区域性发育的变质岩和低角度断层的复杂地域从事区域地层和构造的研究。这些构造就是今天所称的变质核杂岩。虽然米士把这些构造解释为典型的压性褶皱逆冲体系，但他仔细的填图和描述却预示着这一课题内现代思想的出现。1980年，当美国地质学会把《科迪勒拉变质核杂岩》专著献给他时，他深感荣幸。此外，他还远到俄克拉何马州的

悬挂在华盛顿大学地球科学系办公室内的米士画像，头像后面的山水是米士本人画的水彩画（绘画人：Dee Molenaar）

沃希托河流域的山脉地区进行了研究和填图。

1974～1980年，米士兼任Bechtel公司发展斯卡吉特谷地区核电站可行性论证的顾问，以及美国石油地质学家联合会会刊的副编辑。他对构造地质与岩石学的杰出贡献，使他于1966年担任美国地质学会主席之职，并是美国矿物学会、地球物理联合会、伦敦地质学会的会员。

1981年米士在华盛顿大学退休，退休后继续进行地质研究，直到去世前的最后几个月。他于1987年7月23日去世。

米士不但是一位著名的地质学家，也是一位出色的水彩画家。他一生作画无数，大部分收藏于地下室，鲜为人见，用镜框挂在墙上的仅有几幅：北喀斯喀特斯的山峰，内华达沙漠的日落，还有湖泊、宝塔以及中国的海岸与浪花。

米士一生，遭遇多次战争和社会动荡，饱经风霜，历尽坎坷。对自然的热爱和对科学的追求，是他战胜困难、勇于面对挑战的力量源泉。

作为一位出色的地质学家、登山运动员、滑雪爱好者和水彩艺术家，米士十分强调实践，重视野外工作，并将岩石学与构造地质学紧密结合。这是米士科学研究的特点，是他成功的"秘诀"，也是他留给后人的"瑰宝"，十分值得学习和传承。

米士的中国学生和地质学界的朋友十分怀念他，其中许多是杰出的地质学家。20世纪70年代以后，米士与这些地质学家取得联系，有些地质学家还访问了他的家。鉴于米士对中国地质科学和中国地质教育事业的贡献，1982年，中国地质学会发函邀请他访问中国，作为一位荣誉来宾参加该学会60周年庆祝会。但由于健康状况欠佳，他未能满足以前的中国朋友和学生的这一诚挚期望。

1996年8月，第30届国际地质大会在中国北京举行。美国华盛顿大学地质科学系约瑟夫A·万斯、中国南京地质矿产研究所李文达著有《纪念彼得·米士教授》一文。

（张 珂）

米士简历：

1909年8月30日　出生于德国柏林。

1914年　学习水彩画。

1915年　学习滑雪。

1919年　开始学习采集化石。

1923年　练习登山。

1932年　获得哥廷根大学哲学博士学位。

1933年　留在哥廷根大学任教。

1934年　加入德国南迦帕尔巴特山远征科考队，到喜马拉雅克什米尔境内的南迦帕尔巴特山及周边地区考察岩石和构造。

1935年　整理南迦帕尔巴特山考察资料。

1936年　到中国中山大学地质学系任教。

1939年　随中山大学西迁到云南澄江。

1940年　在昆明西南联合大学任教。

1946年　在印度作短暂停留后，到美国斯坦福大学任教。

1947年　美国华盛顿大学任副教授、教授。

1981年　退休。

1987年7月23日　在美国去世。

米士主要著作：

1.《大理之结晶岩》，《大地月刊》，1940年。

2. *Geology of the Chengkiang region, eastern Yunnan*, MS, 1941.

3. *Observations on Permian and Triassic Volcanism of Yunnan*, MS, 1943.

4. *Observations on "Red beds" and marine Triassic of Yunnan*, Acad Sin, Science Record, nos. 5~6, 1945.

5. *Remarks on the tectonic history of Yunnan, with special reference to its relations to the type of the young orogenic deformation*, Bulletin of the Geological Society of China, 25, 1945.

6. *On the discovery of upper Permian (Lopinggian) in Western Yunnan*, Bulletin of the Geological Society of China, 26, 1946.

7. *On the facies of the Carboniferous of the Kunming region, Eastern*

Yunnan, with special reference to the Bauxite deposits, Bulletin of the Geological Society of China, 26, 1946.

8. *Fusulina-bearing Permian rocks of Northwestern Yunnan*, Bulletin of the Geological Society of China, 27, 1947.

9. *Large thrusts in northern Cascades of Washington*, Geological Society of America Bulletin, 62(12-2), 1951.

10. *Geology of the northern Cascades of Washington*, The Mountaineers, 45, 1952.

11. *Some special criteria for granitization*, Geological Society of America Bulletin, 63(12, Part 2), 1952.

12. *Zoned plagioclase in metamorphic rocks*, Geological Society of America Bulletin, 65(12, Part 2), 1954.

13. *Sodic amphiboles and metamorphic facies in Mount Shuksan belt, northern Cascades, Washington*, Geological Society of America Bulletin, 70(12, Part 2), 1959.

14. *Large overthrusts in the northwestern Cascades near the 49th parallel (Whatcom and Skagit counties, Washington, and lower Tomyhoi Creek area, British Columbia)*, Geological Society of America Bulletin, 71(12-2), 1960.

15. *Geology of the North Cascades*, Oil in Canada, 13(51), 1961.

16. *New criteria for synkinematic growth of metamorphic minerals*, Geological Society of America Special Paper, 1962.

17. *Crystalline basement complex in northern Cascades of Washington*, Geological Society of America Special Paper, 76, 1963.

18. *Stable association wollastonite-anorthite, and other calc-silicate assemblages in amphibolite-facies crystalline schists of Nanga Parbat, Northwest Himalayas*, Contributions to Mineralogy and Petrology, 10(3), 1964.

19. *Petrogenesis of metamorphic rocks (Book review)*, Geochimica et Cosmochimica Acta, 30(6), 1966.

本文参考文献：

1. 王若华、钱竟阳主编：《外国地质名人辞典》，地质出版社，1987年版。

2．中国第四纪科学研究会编：《纪念刘东生院士》，商务印书馆，2009年版。

3．Tabor R, Haugerud R. *Geology of the North Cascades: A Mountain Mosaic*. The mountaineers Books, Seattle, 1999.

4．北京大学地质学系建系100周年纪念文集编委会编：《百年辉煌 继往开来：北京大学地质学系建系100周年纪念文集》，北京大学出版社，2009年版。

5．北京大学地质学系百年历程编委会编：《创立·建设·发展：北京大学地质学系百年历程（1909～2009）》，北京大学出版社，2009年版。

6．中国地质学会地质学史研究会、中国地质大学地质学史研究所合编：《地质学史论丛》（4），地质出版社，2002年版。

| 王 烈 | 谭锡畴 | 袁复礼 | 孙云铸 | 冯景兰 | 张席禔 | 王恒升 | 张印堂 |
| 陶绍渊 | 李宪之 | 洪 绂 | 赵九章 | 钟道铭 | 林 超 | 鲍觉民 | 米 士 |

后 记

  丛书"西南联大名师"的出版是一件很有意义的事情。2010年1月26日,西南联合大学北京校友会会长沈克琦教授约我谈话,要我负责本丛书中《地球奥秘的探索者》一书的组稿工作。我虽然先后担任过北京大学地质学系副主任、党总支书记、北京大学副校长等职务,知道一点关于西南联大地质地理气象学系的情况,但承担这项工作是有不少困难的。沈克琦教授已近90岁高龄,仍从事组织出版这套丛书的工作,他交给我的任务,我不能推辞;另一方面,这也是我进一步了解西南联大地质地理气象学系情况,特别是学习那些名师们精心育人的敬业精神和高尚品德的一次很好的机会。

  在本书的组稿过程中,得到许多专家学者的支持和帮助,他们是:北京大学城市与环境学院王恩涌教授、物理学院陈诗闻教授,南开大学梁吉生教授、张秀珍教授、季任钧教授、吴浙教授,云南师范大学包云燕教授、肖雄教授、朱俊先生,上海师范大学叶培兴教授、陶康华教授、周国祺教授、钱洛阳先生,中山大学袁家义教授、张珂教授等。他们或亲自撰稿,或推荐撰稿人,或帮助阅改稿件。本书的传主先后出生于1887~1909年,搜集他们的史料是一件很不容易的事情,也是一件抢救史料的工作。对上述专家学者对于本书的出版所做出的贡献,在此深致谢意。北京大学档案馆、校史馆等单位为本书的编写者查询、咨询资料提供了方便,在此一并深致谢意。

  在本书组稿过程中,沈克琦教授约我八次交谈,交代任务,提供指导意见,听取工作汇报,阅改部分稿件,对本书编写工作的完成起了关键性的作用,特此向他表示深深的谢意。

  由于水平所限,书中错误、不当之处,敬请读者批评指正。

于 洸

2011年2月